U0641110

李学勤　罗哲文　俞伟超　曾宪通　彭卿云

王朝暮年

李　默／主编

中华文明是人类历史上最伟大的文明之一，是人类文明发展的主要构成。中华文明丰富、深刻、辉煌、博大，在人类文明中的骨干作用和领导作用为人所共知。在人类文明的发源时期，中华文明就是四大古文明之一，是地球上文化的策源地之一。

广东旅游出版社
GUANGDONG TRAVEL & TOURISM PRESS
悦读书·悦旅行·悦享人生

中国·广州

图书在版编目（CIP）数据

王朝暮年 / 李默主编 . — 广州 : 广东旅游出版社，
2013.1（2024.8 重印）
ISBN 978-7-80766-432-1

Ⅰ.①王… Ⅱ.①李… Ⅲ.①中国历史—唐代—通俗
读物 Ⅳ.① K242.409

中国版本图书馆 CIP 数据核字 (2012) 第 268027 号

出 版 人：刘志松
总 策 划：李 默
责任编辑：张晶晶 黎 娜
装帧设计：盛世书香工作室 腾飞文化
责任校对：李瑞苑
责任技编：冼志良

王朝暮年
WANG CHAO MU NIAN

广东旅游出版社出版发行
（广东省广州市荔湾区沙面北街 71 号首、二层）
邮编：510130
电话：020-87347732（总编室）020-87348887（销售热线）
投稿邮箱：2026542779@qq.com
印刷：三河市嵩川印刷有限公司
　　　（河北省廊坊市三河市杨庄镇肖庄子村）
开本：650×920mm　16 开
字数：105 千字
印张：10
版次：2013 年 1 月第 1 版
印次：2024 年 8 月第 3 次印刷
定价：45.80 元

出　版　者　识

　　《话说中华文明》是一部全景式图文并茂记录中国文明历史的大书。出版者穷数年之力，会集各方力量——专家、学者、编辑、学术顾问们，在浩如烟海的历史档案、资料、著作中，探珍问宝，追寻中华文明在悠悠历史长河中的灿烂之光。此书的出版，凝聚了编撰者的心血，学术顾问们的智慧。尤其是李学勤先生，亲自动笔写下了序言，更增加了本书沉甸甸的分量。

　　中华文明的历史充满了辉煌与苦难，成就和挫折。它的历史无处不在，决定着我们中国人今天的思想和感情。当今的中国和中国人是中华文明的历史造就的，是中华文明的历史的延伸，也是它的一个组成部分，中华文明的历史之河奔流到现在。

　　中华文明是人类历史上最伟大的文明之一，是人类文明发展的主要构成。中华文明丰富、深刻、辉煌、博大，在人类文明中的骨干作用和领导作用人所共知。在人类文明的发源时期，中国就是四大古国之一，是地球上文化的策源地之一。在人类文明的早期，中华文明成为文明在东方的支柱，公元前后200年间，人类的汉帝国与罗马帝国这两只铁手攫住了地球。在欧洲进入中世纪的时候，中华文明更成为人类文明最主要的领导，它的文明统治东亚，传遍世界。进入近代，中华文明处于自身的重压和西方的欺凌下，但中国人民的斗争史和奋起精神是人类文明历史中不可缺少的一页。

　　五千年的中华文明为人类贡献出了从思想家孔子到科学技术的四大发明、从唐诗宋词到长城运河的伟大创造，贡献出了从诸子百家到宋明理学，从商周铜器到明清文学的深刻内涵，也贡献出了从五霸七强到三国纷争、从文景之治到十大武功的辉煌历史。中华文明的历史绚烂多彩，在人类文明的历史长河中永放光芒。

　　中华文明也是人类历史上最独特的文明，没有哪一个文明像中华文明这样持久，这样统一一致。世界上其他文明不但互相交错，其创造者也都与高加索体质的人种有关，它们是姐妹文明。在人类历史中，只有中华文明才是独特的，它的创造者是中国土地上的中国人民，与其他任何地方的人民都没有关系，它的文化是统一一致的文化，可以不依赖于其他任何文明而生存，但中华文明也绝不是封闭的，它接受他人的文化，也承担自己对于人类的责任。

　　人类进入新世纪，中国的社会经济发展令世人瞩目。人们对于世界未来的政治和经济结构的估计无不以东亚和太平洋为中心，而尤以中国为重点。

　　经济起飞只是当代中国的一个方面，中国的精神文明的建设尤为刻不容缓。如果中国要自觉地发展中华文明，要有意识地使中国的发展具有世界意义，就必须发展强有力的精神文化，这样才能使中华文明的发展进入一个新的阶段，才能形成中国和中华文明的全面现代化。

而中国的精神文化的发展植根于中华文明的伟大传统之中。进入近代之后，在西方文化的冲击下，对于中国文化的价值产生大量的情绪化和激烈冲突的论调。"五四"运动打倒孔家店的口号具有冲破封建束缚的时代意义，对中国文化的发展有不容否认的正面意义，与文化虚无主义是完全不同的。文化虚无主义者否定中国传统文化，在现代化的旗帜下主张全盘西化；而复古主义则沉迷于中国文化的古董，走进反进步、反科学的泥潭。

历史的发展则超越了所有这些论点，产生这些论调的一百多年来的中国近代史已经结束。历史要求中国发展，要求中国走在全世界发展的前列。西化论和复古论都已过时，历史已经要求世界超越西方，中国可以承担起世界的命运，而中国的现实和世界的历史都说明，中国的使命在于它的发展前进，而非倒退。

中华文明走出迷惘的时代，我们这一代处在一个伟大而具有挑战的历史阶段。

总结历史、展望未来，这就是《话说中华文明》的意义和使命。我们创作《话说中华文明》，力求总结和回顾中华文明的全貌，在内容和形式上都开创一个新的局面。在内容结构上，既具有一定的深度，又具有相当的广博性，既有严谨、准确的学术价值，又有活泼、流畅的可读性。我们在本丛书内容纳了中华文明的各个方面，使它综合了大规模学术著作的系统性、严密性和普及读物的全面性、简易性，它既可作为大型工具书检索中华文明的各个成分，又可作为通俗的读物进行浏览。

我们从上世纪90年代初起就开始思考中华文明的历史和现实问题，并逐渐形成了编著《话说中华文明》的设想。在开展这项庞大的文化工程之始，我们就聘请了国内权威学者李学勤、罗哲文、俞伟超、曾宪通、彭卿云诸先生担任学术顾问，他们对计划作了充分讨论，并审阅了大量初稿。我们聘请了广州、香港地区的社会科学学者、大学教师、研究生以及我社编辑人员几十人担任稿件的撰写工作。

通过创作这部书，我们深深地感受到了中华文明的博大精深，也感受到了它的内在缺陷。中华文明具有辉煌的时期，也有苦难的年代，有它灿烂的成就，也有其不足的方面。中华文明在自身中能够吸取充分的经验和教训，就能够使自身健康壮大，成长发展。

通过创作这部书，我们也深深感受到了出版事业的使命和重任。我们希望这部书能受到广大读者的喜爱，起到它所应当起的作用。为中华文明的反省、前进和奋起作一点贡献。

目 录

王朝暮年

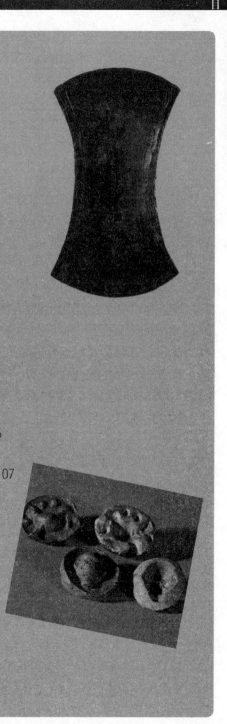

王朝暮年

唐朝

平定淄青

唐元和十三年（818）七月，淄青节度使李师道出尔反尔，宪宗（李纯）派兵讨伐，平定淄青。

淄青镇（今山东东平西北）自代宗永泰元年（765）李正已为节度使时割据，管辖12个州，是全国割据藩镇中面积最大的一个。宪宗元和九年（814）官军征讨淮西吴元济时，淄青节度使李师道出兵声援淮西，并派刺客暗杀宰相武元衡，重伤裴度，焚烧河阴（今郑州西北）转运院仓储，甚至还密谋在东都制造流血事件。元和十二年十月，淮西叛乱被平定后，淄青节度使李师道害怕朝廷讨伐，便萌生归顺朝廷的想法。

十三年正月，李师道派使者入朝，表示愿让自己的长子到朝廷为人质，并献出沂、密、海3州，请示归顺朝廷，宪宗准奏。但不久李师道又反悔，继续与朝廷抗衡。宪宗大怒，决定派五道重兵征讨。十一月，五道兵马之一的魏博节度使田弘正率兵从杨刘（今山东省东阿县北）渡过黄河，在距郓州40里的地方安营扎寨，与李师道军队相对峙。李师道军队都很恐慌。十二月，武宁节度使李愬与李师道交战11次，李每战必胜。李师道见形势危急，忧悸成疾。次年二月，李师道派大量民工修建郓城壕沟，连妇女也不放过，百姓怨声载道。部将刘悟颇得士卒拥戴，李师道怀疑他有反心，便想杀掉他。事情泄漏后，刘悟率军攻入郓城，杀死了李师道和他的两个儿子，淄青等12州都被平定。

从广德年间以来近60年，藩镇割据、跋扈的河南、河北30余州，自此全部归朝廷辖制。

宦官开始废立皇帝

唐宪宗元和年中，左神策中尉吐突承璀曾秘密上奏，请求废掉太子李恒，改立澧王李恽为太子，宪宗没有准奏。元和十五年正月（820），宪宗因服用方士金丹，性情变得焦躁，多次杖责左右宦官侍臣。受刑者往往被打死，因此人人自危。在宪宗病重期间，承璀又奏请立澧王为太子。太子恒闻讯后十分害怕，便私下派人与母舅司农卿郭钊商议，郭钊嘱咐太子只管对皇帝尽孝，不要理睬其他事情。二十七日，宪宗暴死，宫中流传为内常侍陈弘志所杀。但宫中都避而不谈此事，只说是宪宗药性发作而死。这时，神策中尉梁守谦与宦官马进潭、刘承偕等拥立李恒即位，杀死吐突承璀及澧王李恽。闰月三日，太子李恒在太极殿登基，称为穆宗。宦官废立皇帝的先例由此开始。

宪宗迎佛骨

唐元和十三年（818）十二月，宪宗派使者迎佛骨回京。

宪宗晚年崇尚佛道，喜论神仙。功德使迎合帝意，上奏说凤翔法门寺有佛骨指，相传30年一开，开后则年丰人安，来年即为开的时间，请求皇帝派人迎之，放在禁宫中。元和十三年（818）十二月，宪宗李纯派遣宦官中使率众僧前往法门寺迎接佛指骨。

佛骨。唐法门寺地宫出土。

十四年正月，佛骨送到京师，李纯将其留在禁宫中，安放3日后，又命僧众护送佛骨到各个寺院供奉。长安王公百姓都争先恐后去瞻视佛骨并施舍大量钱财。刑部侍郎韩愈上表切谏，认为自黄帝至禹、汤、周文王、武王，都健康长寿，百姓安乐，而当时并无佛法。汉明帝时，佛教传入中国，其后战乱四起，王朝短命。唯梁武帝在位48年，前后三次舍身入寺，可是竟然被侯景

王朝暮年

唐代皇家寺院法门寺。

七重宝函。唐法门寺地官出土。

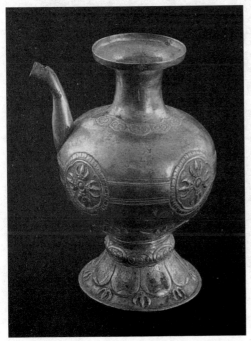

唐于伽瓶。法门寺地官出土。

唐蕾钮摩羯纹三足架银盐台。法门寺地宫出土。

所逼而饿死于台城（今江苏南京），其国不久即灭。由此可见，佛实不可信。佛教口不言先王之法，身不着先王之衣，不懂君臣之义、父子之恩。如果佛身尚在，奉其国命来上朝，陛下可犹礼接待，但如今其身死已久，怎么能将枯骨放置于宫中呢！他请求宪宗将佛骨交有关部门处理，将其投入水火之中，永绝后患，并表示，假如佛骨显灵，降临灾祸的话，愿一人承担责任。宪宗见奏后大怒，本想处死韩愈，后经裴度等人力保，于是将韩愈贬为潮州（今广东）刺史。宪宗仍一如既往地信奉佛法。

唐大红罗地蹙绣拜垫

唐银鎏金鹦鹉纹盒

王朝暮年

李公佑创作传奇

唐代小说家李公佑，贞元元和年间人，籍贯陇西（今甘肃东南）。宪宗元和年间为江南西道观察使判官，后罢职。他创作的传奇今存《南柯太守传》《谢小娥传》《庐江冯媪传》《古岳渎经》4篇。

《南柯太守传》约作于德宗贞元末，故事写游侠之士淳于生梦入槐安国，被招为驸马，出任南柯郡太守。醒来时，发现"槐安国"原来是槐树下的一个蚂蚁窝。小说意在讽刺窃据高位者不可恃之傲物凌人，同时也宣扬了浮生若梦的思想。其构思与沈既济的《枕中记》相似，但文辞尤为华丽，描写尤为细致。融合了寓言与志怪的表现手法，具有讽刺文学的某些特色。《南柯太守传》流传甚广，成语"南柯一梦"就是出自此典故。

《谢小娥传》约作于宪宗元和末。谢小娥是豫章（今江西南昌）少妇，她梦见被害的父亲和丈夫用隐语告以凶手姓名，醒后广求智者解梦。后在上元县遇李公佑解梦，知凶手二人姓名，于是改扮男装，伺机杀死凶手，复仇后出家为尼。传中谢小娥性格鲜明，当时广为流传。

《庐江冯媪传》《古岳渎经》都作于元和中。其中《古岳渎经》写楚州刺史李汤在龟山水中见一怪物，后来得知怪物就是禹治水时降伏的淮涡水神无支祁。这个神话创造了一个"神变奋迅"的神猿形象，它和古典文学名著《西游记》中孙悟空的形象有很大关系。

李翱论学

李翱（772～841），字习之，陇西成纪人，中唐著名思想家和教育家。

李翱直接继承和发展了韩愈的教育思想。但他和韩愈不同，他反对盲目反佛，主张有的放矢。他认为，佛道思想中的某些重要的思想与方法是可以借鉴的。因此后人评价他"儒表佛里"。

唐驰马女俑。唐代仕女骑马郊游蔚然成风，诗文绘画多有描写。骑马者为贵族少女，服饰和鞍具均很华丽，脱靴束于鞍上这一细节表现出少女天真烂漫、无拘无束的性格。

虽然如此，李翱的教育目标也是培养合乎儒家道德伦常和理想的君子圣贤，这点和韩愈的卫道思想是相同的。他批评当时的教育使"人仕者以容和为富贵路，曷尝以仁义博施之为本乎？由于经旨弃而不求，圣人之心外而不讲，干辨者为良吏，适时者为通贤，仁义教育之风，于是乎扫地而尽矣"（《李文公集·与淮南节度使书》），认为发展教育不仅要"学其言"，更要"行其行""重其道"，最终完成读书成圣的主要教育目的。

李翱从人性理论出发，认为教育的根本任务在"复性"，这与孟子及佛教禅宗"求本心"、"求诸己"、"心外无物"、"明心见性"、"见性成佛"的思想同出一辙。在他看来，"人之初性本善"，只因后天受妄情所惑，才会不明事理，通过教育可使"妄情灭息，本性自明"，故圣人"教人忘嗜欲而归性命之道也"（《李文公集·复性书》）。显然，他的主张对宋儒"存理灭欲"主张有直接的影响，进一步补充和深化了传统的儒家教育思想。为了达到"重道"和"复性"的教育目的，李翱认为首先要精心研读儒家经典里的核心著作，掌握其精髓。

除了读圣贤书外，李翱认为还应该注重修养的功夫，特别是"慎独"，为人处世不为外物所惑，这在一定程度上带有佛教的色彩。他强调指出，"复性"是一个永无止境的过程。"择善而执之者",必须本着"至诚"的精神,坚持不懈,"终岁不违"圣贤之道,否则"复性"即不能彻底,不能"归其源"(《李文公集·复性书中》)。在"复性"的具体过程中,李翱强调人的主观作用,认为只有像颜回那样不自弃,安贫乐道,不断努力,才能成为"复性"之人,达到圣贤之域。

柳宗元的政治哲学思想

哲学家、思想家柳宗元对天命神学世界观加以深刻批判,对自先秦以来天人关系的理论总结和创造,在古代唯物主义无神论的发展史上,作出了重要的贡献。

柳宗元继承和发展了汉初以来的"元气"论,作名篇《天说》,批判韩愈将"天"作为有意志、能赏罚的人格神。而其哲学名篇《天对》,则对战国时期大诗人屈原在《天问》中所提出的、有关宇宙的和历史的诸多重大问题,作出了中国历史上唯一的答复。

柳宗元认为世界上一切事物的实质

柳宗元像

皆为自然物质"元气"。在原始的浑沌状态中,只有"元气"在自然运动发展,由此派出了阴阳二气和天,阴、阳、天三者的结合点,是受"元气"所支配、"统同"。"元气"缓慢的吹动,造成寒冷的天气,冷热交错起着促进万物生长、变化和发展的作用。

柳宗元在《非国语》中,还运用了八个"自"来形象地描述"元气"自然运动的各种形态。他说:"山川者,特天地之物也。阴与阳者,气而游乎其间者也。自动、自休、自峙、自流,是恶乎为我谋!自斗、自竭、自崩、自缺,是恶乎为我设!"

柳宗元在答刘禹锡《三论》书中，提出了天人"二之而已，其事各行不相预"的思想理论。他认为，天地、元气、阴阳同瓜果草木一样，都是没有意志的自然物质，因而人事的"存亡得丧"和"天"根本没有感应和赏罚的关系，故而"功者自功，祸者自祸。欲望其赏罚者大谬；呼而怨，欲望其哀且仁者，愈大谬矣"。柳宗元以其"元气"自然运动和天人"各行不相预"的唯物主义思想为理论武器，对历史上的以及当代的神学迷信进行了无情的批评，较为系统地阐明了他的无神论思想。针对中唐时期豪族地主享有各种特权的情况，他以其唯物主义的无神论观点，贯穿于社会历史观，用以对封建豪门特权者所赖以维持其统治的理论——神学天命论，进行了无情的批判。他的"生人之意"为历史前进动力的新学说，与刘禹锡的"法制"说，互相联系、互相补充，是唯物主义在社会史观上的首创性运用。

从其哲学思想出发，柳宗元根据他所处的时代，形成了一套政治理论。柳宗元所处的时代，是唐王朝逐步衰落的时期。当时，朝中宦官专权，四方藩镇割据，唐帝国的中央集权大大削弱。中唐以后，中央王权与地方藩镇的矛盾更加尖锐。"封国"本是指我国古代实行的"封国土，建诸侯"的制度，即分封制。它是在中国古代经济基础和宗法血缘关系上形成的一种政府组织形式。战国时，郡县制逐步取代分封制，这是国家制度的一次大的变革。唐朝中后期，为了适应藩镇割据的需要，分封论调再次出现。柳宗元《封建论》的问世，正是对这种思想的有力回击，也是秦汉以来关于郡县制和分封制争论的一篇出色的总结。

柳宗元认为，国家起源于社会斗争。他论证了郡县制代替分封制是历史发展的必然趋势。否定了关于圣王根据天意创立分封制的说法，动摇了分封制的理论基础。柳宗元又比较了分封制与郡县制的优劣。他指出，周朝的历史证明，实行分封制的结果，是诸侯专横，"末大不掉"，天子根本无法控制地方，地方大搞独立王国；秦始皇废分封，置郡县，形成了"摄制四海，运于掌握之内"的政治形势，建立了空前统一的国家。事实证明，郡县制优胜于分封制，郡县制取代分封制是历史的进步，至于秦之"速亡"，"失在于政，不在于制"，是由于政治腐败，赋役苛重，刑罚酷虐，而不是郡县制度本身有什么弊病。他认为唐朝设置州县，任命州县官的做法是正确的，是唐朝兴盛发达的原因。而今之所以"桀猾时起，虐害方域"，并非州县制度

不好，而是因为藩镇称兵割据，"失不在于州而在于兵，时则有叛将而无叛州"。为了维护国家的统一，他认为州县制度是不能废除的。柳宗元以后不再有人怀疑郡县制的优越性，这便是柳宗元《封建论》的重要作用。

柳宗元是晚唐中国最重要的思想家之一，他以政治家的犀利触角，阐发了中国传统思想的很多重要问题，对中国思想的传承作了重大贡献，对当时的社会也产生了重大影响。

821~830 A.D.

唐朝

821 A.D. 唐穆宗李恒长庆元年

翰林学士李德裕恶中书舍人李宗闵讥其父吉甫，借贡举事与元稹等倾之，自此是朋党相轧垂四十年。

822 A.D. 唐长庆二年

自此河北不受长安号令。唐番会盟碑立。

824 A.D. 唐长庆四年

穆宗死，太子即位，是为敬宗。四月，卜者苏玄明与染坊人张韶结染工数百人入宫作乱。著名文学家、"古文运动"之倡导者韩愈死。

826 A.D. 唐宝历二年

十二月，宦官刘克明等杀帝，宦官王守澄等杀克明等，拥皇弟江王涵即位，是为文宗。

829 A.D. 唐大和三年

征李德裕入朝，将大用，会李宗闵以宦官之助拜相，出德裕为义成节度使。杂剧已经出现。

830 A.D. 唐大和四年

正月，李宗闵引牛僧孺为相，二人合排李德裕之党。

821 A.D.

拜占廷帝国安那托利亚将领托马斯（即督马，斯拉夫人）倡乱，各地不堪压迫之人民群起归之。

823 A.D.

阿拉伯人自埃及进攻克里特岛，两年后征服之，自此为彼等在东地中海四出劫掠之中心。诺曼人约在此时征服爱尔兰。

826 A.D.

英格兰肯特、埃塞克斯、苏塞克斯与东盎革利亚皆归服于威塞克斯王埃格伯特。

827 A.D.

诺森布里亚承认威塞克斯王埃格伯特为最高权力。自此埃格伯特为泰晤士河以南英格兰之王。

829 A.D.

法兰克帝国路易为其幼子查理（823年其继室所生）重行划分国土，其他三子不从，内战爆发。

卢龙节度使刘总弃官为僧

唐长庆元年（821）三月，卢龙节度使刘总因弑父杀兄而心中不安，故弃官为僧。

刘总，幽州昌平（今北京）人，前卢龙节度使刘济次子。元和五年（810），刘济奉诏出兵讨伐成德王承宗，派长子刘绲留守卢龙，将刘总由瀛州（今河北河间）刺史提升为行营都知兵马使，使刘总掌握了兵权。

刘济出师后，久无战功。刘总于是派人假传圣旨，声称因刘济伐敌不力，改任刘绲为节度使。刘济听说后非常生气，杀了带兵大将几十人和那些平素与刘绲关系不错的将士，并要追杀刘绲。刘总趁他父亲没有防备，与判官张珏等密谋，毒死刘济，又假称父命杖杀哥哥刘绲，全面掌管了卢龙的军务。不久，朝廷任命刘总为卢龙节度使。

刘总弑父杀兄后，常怀疑父兄的阴魂作怪，于是在官邸后面安置了几百名僧人，为他昼夜求恩谢罪。他每次退廷后，一定要在道场里休息，否则就惶恐害怕不敢睡觉。到了晚年，他更加惊恐多疑，加上河南、河北各镇都归顺了朝廷，已没有党援，便想退身之计。元和十五年二月，刘总上表朝廷请求落发为僧，穆宗准奏。朝廷的诏书还没到，刘总就把印节交给留后张惶遁走。不久，刘总暴死在定州境内。刘总弃官以前，曾奏报朝廷请求把他的辖地分成三道，分别让张弘靖、薛平、卢士玫统辖；又把军中的旧将打发到京师，求朝廷对他们封官赏赐。然后，朝廷只将瀛、莫两州归卢士玫统领，其余都让张弘靖统辖。事后，朝廷也没有对刘总的部下优待安抚，不久就酿成卢龙兵乱。

幽州、成德、宣武诸军屡乱

　　长庆初年，幽州、成德、宣武诸军多次发生军乱。

　　长庆元年（821）三月，幽州节度使刘总削发为僧，朝廷派张弘靖继任幽州节度使。刘总临行前，奏请让他的部将都知兵马使朱克融等人到京城为官。但由于穆宗沉湎酒色，宰相崔植、杜元颖等人胸无大略，先是对朱克融等人置之不理，后又打发他们回幽州，引起他们的愤怒和埋怨。张弘靖到幽州赴任后，政事都要托给判官韦雍等人处理。韦雍年少轻薄，不孚众望，苛扣军士粮赐，还多次责骂士卒是"反虏"，引起军中士兵怨怒。一天，韦雍出行，一个小将不小心冲撞了他的军队，便受到韦雍的杖责。韦雍还奏报张弘靖，准备以军法惩治。就在这天晚上，士卒连营作乱，攻入府署，囚禁了张弘靖，杀韦雍等人，拥立朱克融为统帅。

　　元和十五年（820）十一月，成德王承元归顺朝廷，穆宗任命魏博节度使田弘正为成德节度使。田弘正用成德的财物供家人挥霍，引起成德将士不满，而王承元归顺时穆宗赏赐成德军的100万缗钱又未及时运送到，众人更加不满。都知兵马使王庭凑乘机杀死田弘正及僚属、将吏、家属共300多人，自称留后。这时是长庆元年（821）七月。在幽州、成德出现兵乱后不久，宣武也发生了类似的事件。长庆二年（822）七月，牙将李臣则乘机作乱，士卒响应，李愿逃往郑州。于是穆宗派韩充会同忠武（今河南许昌）节度使李光颜、武宁（今江苏徐州）节度使王智兴一同出兵讨伐，终于平定宣武之乱。除上述兵变之外，还发生了几次规模不小的叛乱，如821年8月发生瀛莫军乱，朝廷失去瀛莫二州；822年2月，昭义节度使刘悟作乱，杀磁州刺史张汶，囚禁监军刘承偕；八月，浙西军叛乱，被观察史窦易直平息；九月，横海军自乱。

牛李党争开始

　　唐元和三年（808），牛僧孺、李宗闵因在科举考试中抨击时政，且主考官杨于陵、韦贯之将他们的策文评为上等，因而使宰相李吉甫大为不满。李吉甫向唐宪宗陈述此事后，宪宗贬斥了杨于陵、韦贯之等人，牛僧孺、李宗闵也长久不能迁任。这件事揭开了牛、李党争的序幕。李党的首领是李吉甫的儿子李德裕，主要成员有李绅、郑覃、陈夷行、李让夷等；牛党除了牛僧孺、李宗闵外，主要成员还有李珏、杨嗣复、令狐绹等。元和年间，由于牛党流落朝外，所以两党的斗争还不太激烈。

　　长庆元年（821），牛、李两党再次因为科举取士的问题发生争斗，结果是李党获胜，李宗闵和主考官钱徽、杨汝士被贬，双方结怨加深。

　　长庆三年（823），穆宗即位后，牛僧孺被任命为御史中丞，不久又升任

唐金錾花栉

户部侍郎，很受穆宗宠信。后来穆宗从宣武节度使韩弘家的账簿上，发现满朝权贵除牛僧孺外，大多接受了韩弘的财货，便认为自己知人不谬，下令将僧孺提升为宰相。本来，牛僧孺和李德裕都有出任宰相的希望。在这之前，德裕被任命为浙西观察使，已有 8 年时间。这次任命牛僧孺为相，使牛、李两党之间的矛盾进一步激化。纵观穆宗、敬宗、文宗三朝，除了太和九年（835）甘露之变前，两党都被当时掌权的李训、郑注排斥出朝外，大体上是两党交替在朝执政。牛党重科举，代表进士出身的官僚、新兴的庶族地主；李党代表北朝以来山东士族出身的官僚，对科举制不满，主张改进甚至一度建议取消进士科，这是没落的门阀士族的要求。牛党主张对割据的藩镇姑息妥协，反对用兵；李党则力主削藩伐叛，强化中央集权。

武宗会昌年间（841 ～ 846），李德裕被重用为相主持朝政，形成了李党独掌朝政的局面，牛党都被排斥出朝或被贬官流放。但会昌六年（846）宣宗即位后，又任用牛党白敏中、令狐绹为相，召牛僧孺、李宗闵入朝。大中二年（848），牛僧孺去世。第二年，李德裕死在崖州（今海南凉山东南）。牛李党争终于以牛党获胜结束。

宦官杀唐敬宗

唐宝历二年（826）十二月，宦官刘克明等杀敬宗李湛，李湛弟江王涵即位。

敬宗李湛，是穆宗的长子。他幼年即位，喜好游宴，不理朝政，常常让左右军、教坊在内园击球、手搏到深夜，断臂碎首的事时有发生。他还召募力士，日夜侍守在他旁边。敬宗性格急躁，力士、宦官稍有过失，轻则杖责，重则流放充军，籍没家产，引起了宦官们的不满和怨恨。

宝历二年（826）十二月八日，敬宗深夜打猎回宫，与宦官刘克明、田务澄、许文端和击球将苏佐明等 28 人饮酒。敬宗喝醉后，入室更衣，被苏佐明等人杀于内室，年仅 18 岁。后来，枢密使王守澄等人杀掉刘克明及其党羽，迎江王涵入宫。十二日，李涵即位，更名昂，是为文宗。

文宗励精求治·朝野气象一新

　　唐宝历二年（826）十二月，文宗（李昂）励精求治，朝中气象一新。李昂为王时就深知穆宗、敬宗两朝的弊端，即位后，他励精求治，想要有所作为。宝历二年（826）十二月，道士赵归真、僧惟真等，以及敬宗朝的佞幸之人，都被流放到岭南（今广东、广西），击球将军于登等6人由本军处置。其次，文宗去奢求俭，下诏放宫女3600余人出宫，并将大部分五坊的鹰犬放掉；内诸司敬宗滥加的衣粮被停止供应，翰林、总督各职位下面的冗员被裁减1270人。

　　此外，文宗还整饬吏治，提高行政效率。他每逢奇日视朝，和宰相群臣议论政事。太和元年（827）二月，文宗命令各节度使、观察使离任、上任的当天，要出具交割公文，新官上任1个月内要了解下情向上汇报作为考核依据。六月，文宗又规定朝参不到的官员，要受到罚款的处置。

　　文字登基后，朝中气象一新，人们都认为太平盛世指日可待。

李益去世

　　唐太和三年（829），前礼部尚书李益去世，终年85岁。李益，字君虞，陇西姑藏（今甘肃武威）人，大历四年（769）考中进士。他为人嫉妒刻薄，对妻妾管束很严，世称"妒痴"。《霍小玉传》中的李十郎就是对李益的影射。李益长期郁郁不得志，于是北游河朔，进入幽州（今北京）节度使刘济的幕府为官。元和年间（806～820），宪宗闻其大名，召他入朝任秘书少监、集贤殿学士。李益恃才傲慢，众人都感到难容此人，谏官也弹劾他曾对朝政心怀不满，于是他被降为教官。后来李益又被启用，任秘书监，不久升为太子宾客、集贤学士判院事、右散骑常侍、礼部尚书等职。李益擅长七绝诗，当时与李贺齐名。他以边塞诗见长。但他的边塞诗多写将士久戍思归，缺乏盛唐气概。他著有《李益集》传世。

五公祠。唐宋时李德裕、李纲、赵鼎、胡诠、李光被贬至海南岛，他们积极向当地人传播儒学。图为清光绪年间为纪念此五人于海口市建立的五公祠。

李德裕献《丹扆六箴》

唐宝历元年（825）二月，李德裕献《丹扆六箴》，劝敬宗（李湛）勤奋执政。

敬宗李湛即位后，游幸无度，疏远贤能之人，不理朝政，每月上朝不过二、三次。因为怕敬宗不听或加以治罪，朝臣很少进言规劝。为了规劝敬宗勤政，宝历元年（825）二月八日，浙西（今江苏镇江）观察使李德裕献上《丹扆六箴》。《丹扆六箴》讲述了6个问题。其一是《宵衣》，规劝敬宗要关心国事，增多上朝次数，延长上朝时间；其二是《正服》，从仪表上规劝敬宗，指出穿衣要合乎理法，不要追求奇装异服；其三是《罢献》，规劝敬宗不要玩物丧志；其四是《纳诲》，规劝敬宗不要轻视、拒绝臣子的忠言进谏；其五是《辨邪》，希望敬宗要分得清良莠，不要忠奸不明；其六是《防微》，意即防微

杜渐，规劝敬宗要从小事上严格要求自己，要有节制，不应游幸无常。看了李德裕进献的《丹扆六箴》，敬宗命令翰林学士韦处厚拟诏，亲笔书写作为答复，表示自己会听从德裕的劝告，但并不能完全按照德裕的话去做。

平定横海镇

唐太和元年（827）三月，文宗出兵平定横海镇之乱。

宝历二年（826）三月二十日，横海节度使李全略死后，其子副大使李同捷擅自担任留后之职，还用重金贿赂邻近各道，请求他们上奏朝廷，让自己承袭父职。朝廷没有答应。

太和元年（827）三月，李同捷派掌书记崔从长等人入朝请命。五月，文宗任命乌重胤为横海节度使，让李同捷担任兖海节度使。李同捷以将士们挽留他为借口，拒不受诏。八月，文宗削去李同捷的官爵，命令乌重胤、史宪诚、李载义等7道兵马共同讨伐他。

李同捷用珍玩、女妓等贿赂河北三镇。魏博（今河北大名）节度使史宪诚与李全略是姻亲关系，秘密用粮草援助横海；成德（今河北正定）节度使王庭凑则公开出兵阻挠官军。九月，文宗削去王庭凑的官爵，命令各道兵马一起征讨王庭凑、李同捷。

后来，王庭凑勾结魏博大将亓志绍，与他合兵攻打贝州（今河北清河西），准备谋杀史宪诚父子，夺取魏博。这时史宪诚已表示归顺朝廷，于是上奏告急。文宗派成义（今河南滑县）节度使李听率兵攻打亓志绍。大败亓志绍。李同捷也多次被各路兵马击败，穷迫无援，被迫请降。谏议大夫柏耆奉诏宣慰行营，率几百人马奔入沧州，诛杀了李同捷。横海之乱历时三年，终于被平息。

南诏攻陷成都

　　唐太和三年（829）十一月，南诏攻陷成都，抢掠成都子女、百工数万人及珍宝而去。长庆三年（823），宰相杜元颖出任西川节度使。元颖不懂军事，却以文雅自居，积蓄财产，因而减削士卒的衣粮。西南戍卒衣食不足，都进入南诏境内掠夺，于是蜀中的军事虚实全被南诏探知。

　　南诏摄政王蒙嵯颠密谋出兵进犯西川，边防长吏多次上报，元颖都不信。太和三年（829）十一月，蒙嵯颠以西川降卒为向导，率大军入侵，边城完全没有防备。蒙嵯颠轻取嶲（今四川西昌）、戎（今四川宜宾）二州。二十八日，杜元颖发兵与南诏在邛州（今四川邛崃）之南展开激战，西川兵大败，南诏乘胜攻克邛州。十二月四日，蒙嵯颠率军攻克成都外城。杜元颖率众退保牙城。朝廷在发东川、兴元、荆南、鄂岳各道兵马入川救援时，已任命东川节度使郭钊为西川节度使，将元颖贬为韶州（今广东韶关）刺史。南诏兵继续东进，攻破了梓州西城，东川兵弱寡不敌，郭钊于是写信质问嵯颠，谴责他的入侵行为。蒙嵯颠回信说，是因为杜元颖先侵扰他，这才兴兵报复的。于是双方讲和，嵯颠退兵。南诏兵在成都外城停留了10天，抢夺成都的子女、百工数万人及珍货后离

石钟山石窟。位于云南大理白族自治州剑州县。为唐代南诏至宋代大理国时期数百年间开凿而成。

王朝暮年

晚唐南诏时期昭觉博什瓦黑81409刻出行图。博什瓦黑（彝族语的记音地名）石刻造像，
位于四川凉山彝族自治州昭觉县碗厂沟博什瓦黑的南坡上，画像淹没在松林丛中。造
像除部分明王像的面部运用浮雕手法外，其余均以线条阴刻而成。面积约440平方米，
计26幅。内容有佛涅槃像，释迦牟尼坐像等佛教密宗的题材。其中出行图长17.2米，
高4.8米。

去。从此南诏的手工业可与蜀中互相匹敌。嵯颠退去后，派使者上奏朝廷，说杜元颖不体恤士卒，是蜀中士卒请求南诏发兵征讨他的。于是朝廷再贬元颖为循州（今广东惠州）司马。郭钊到成都后，与南诏立约，商定以后互不侵扰。

唐代角抵兴盛

　　隋唐时"角抵"一词，主要指摔跤而言，又称"相扑"或"角力"。这一项目深受欢迎，常在"群戏"之后演出，列为"压轴戏"。

　　角抵是唐代宫廷娱乐的主要项目之一，如穆宗李恒常到神策军观角抵，当时的左右两军中均有专门从事角抵的力士，有"相扑朋"，就是摔跤队。蒙万赢作为角抵力士，"累累供奉"于懿宗、僖宗、昭宗三朝，从事这一专业达数十年之久，因在竞赛中屡次获胜，"万赢呼号自此起"。唐亡后，万赢离开长安，仍积极传授角抵技艺，"五陵年少，幽燕任侠，相从诣教者数百"。是唐末、五代初的职业摔跤家。唐民间角抵非常盛行。《吴兴杂录》云县中有"角抵力人"，如"云阳县角抵力人张苉"在甘肃敦煌莫高窟藏经洞里，藏有唐代幡画相扑图，画中人物赤身裸背，光腿跣足，双方互相扭抱，形象十分生动。

　　这一时期，出现了很多角抵名手。《续高僧传》记载，隋文帝时，有西番人善相扑，无人能胜过他。隋文帝深感不满地说："大隋国无有健者？"后诏来法通和尚与西番人角力，西番人大败。

　　唐末至五代，角抵除讲究膂力外，竞以轻捷相高，这对后世角抵与拳术的发展都有一定影响。此时角抵不仅有师承而且有家传，很多地区还形成了传统风俗，如"河南有庄宗之遗俗，故人多习焉"。

李德裕整顿西川边防

西川自从南诏入侵虏掠后，残弊不堪。西川节度使郭钊多病体弱，未能及时治理。

太和四年（830）十月七日，义成（今河南滑县）节度使李德裕代郭钊为西川节度使，整理边务。李德裕赴任后，每天召来军中了解边防情况的老兵，询问边境上山川、城池、道路等的详细情况，不到一个月即了如指掌。当时，文宗命令李德裕修筑、镇守清溪关，以阻断南诏入蜀的通路。但是李德裕认为，清溪关附近大路有3条，小路无数，只守住清溪一关没有多大意义，只有在大渡河北岸筑城，以重兵屯守才行。这个时候，北方来的大批兵马都回了本道，只有河中、陈许3000人驻在成都，但第二年三月也将奉命撤回，西川的百姓都怕南诏再来侵扰而忧伤恐惧。故而德裕奏报朝廷，指出西川兵寡弱，不堪征战，请求留下郑滑、陈许的部分兵马镇守蜀中。朝廷同意了他的请求。此后，李德裕就每天操练士卒，修筑堡垒，屯积粮草，以备南诏入侵。李德裕整理边务卓有成效，蜀中百姓才稍稍安下心来。

建筑装饰日益丰富

中国古代建筑装饰艺术以彩画和雕刻为主，华丽的建筑彩画起源于对木构件防腐的要求。隋唐时期，建筑上使用油漆彩画的部位不断扩大，内檐多用于尺花、藻井，外檐多用于斗拱、木栏杆等处，柱、梁枋皆以刷色为主，随着矿物颜料品种的不断增多，建筑彩画的色彩和图案变得丰富多彩，技艺也更成熟，并出现了"退晕""叠晕"等作法。对于以对晕、退晕为基本构图原则的宋代彩画具有一定的启蒙作用。从敦煌石窟的大量彩画、壁画中可以看出当时运用彩画的盛况和精湛的造诣，唐代彩画图案丰富，装饰纹样生动活泼，多用团花和锦纹，西域传来的宝捆花、石榴花、莲花纹样非常普遍，佛寺中的火焰纹、宝珠等也成为彩画的题材，这一时期的彩画着色大胆，色

唐修定寺塔门额浮雕

彩艳丽，花团锦簇，明朗悦目，充满了生机盎然的情趣。唐代在建筑与雕刻、绘画等结合方面也有突出发展，在继承南北朝成就的基础上，进一步融化提高、创造出统一和谐的风格，取得辉煌灿烂的成就，佛寺的门、殿和回廊壁面都绘制各种经变题材的壁画，陵墓的墓室、墓道壁面上也绘制反映地上宫廷生活场景的壁画。著名画家吴道子和雕塑家杨惠之都曾参与建筑壁画和建筑雕塑的创作实践。

　　这一时期的雕刻技艺已达到非常高的水平，宋《营造法式》中所列举的四种石雕制度——剔地起突、压地隐起、减地平级、素平都已出现，并得到广泛应用，建筑中的柱础、台基、栏杆都成为用雕刻美化建筑的重点部位。

　　各种雕饰的运用，极大地丰富了建筑的艺术感染力，成功运用雕刻装饰的例证很多，山西省平顺县海会院明惠大师塔就是一座典型范例，该塔建于

王朝暮年

唐修定寺塔门颎浮雕持蛇力士

唐修定寺塔门额浮雕交脚蹲坐力士

唐修定寺塔门额浮雕兽面

唐修定寺塔门额浮雕天女

唐乾符四年（877），是一座精美的单层方形石塔，在基座上置须弥座承托塔身，塔身仿木构建筑雕刻门窗及力神，室内有平暗天花，上覆石雕屋顶、塔刹，全塔雕刻精致，比例适度，反映出唐代建筑与雕刻相结合的高度水平。

"钱荒"出现

　　钱荒是钱币数量不够满足流通需要而引起的货币危机。唐建中元年（780）实行两税法后，赋税以钱计算，货币税收在国家财政中的地位进一步加强，从而使国家财政收入的结构发生了重大的变化。这种以钱定税的政策使货币流通的范围不断扩大，民间对货币的使用和国家收入开支对货币的需要量都大为增加，这不仅在很大程度上推进了中原及长江中下游等经济发达地区货币经济的发展，也促使淄青、太原、魏博、岭南等货币经济不够发达的地区开始越来越多地使用铜钱。货币流通范围的不断扩大和商业经济的迅速发展使钱币的需要量大增，而货币数量不仅没有相应增加，反而随着两税法后大量货币的回收而日益紧缩，使钱贵物贱，人民的实际赋税负担成倍地增加。

　　在这种钱重物轻的情况下，越来越多的人开始蓄积铜钱，一些权贵在京师的贮钱竟达50万贯以上，使流通领域的铜钱更加稀少，铜钱的流通速度大

中亚和西亚货币。丝绸之路开通后，中国同中亚、西亚的贸易往来日趋频繁，各国货币频频流入中国。图为从西安附近出土的阿拉伯金币。

王朝暮年

波斯银币

为减缓。政府又因铜贵而不愿铸钱，销钱为器的现象却不断增加，致使货币在流通中越来越缺乏，终于出现了"钱荒"的现象。物价不断下跌，到唐宪宗时期，物价水平甚至下跌到原先的五分之一到四分之一，"钱荒"非常严重。

为了补救"钱荒"的危机，唐政府采取了奖励采铜，增加铸钱；严禁销钱，禁铜为器；禁止蓄钱，禁钱出境；政府出钱收购布帛，平抑物价；鼓励人们使用绢帛交易等各种措施，但成效甚微，钱贵物贱、铜钱缺乏的现象持续不断，使百姓深受其害。直到后来唐武宗会昌年间从天下佛寺取铜像大量铸造钱币后，这种持续了60年的"钱荒"现象才有所缓和。

太医署建立并发展

隋唐时代的卫生组织和医事管理制度，比前代有了进一步发展。两朝设立的太医署，是全国最高的医学管理机构，其他如尚药局、药藏局等宫廷卫生组织也建立起来，对医学发展起到了一定的积极作用。

隋代的太医署设有太医令、丞及医监、医正等行政领导和管理官员，业务人员有医师、主药、药园师、医博士、助教、按摩博士和祝禁博士等。医师负责教育和训练学生以及从事医疗工作，并以医疗成绩作为考核的内容；药园师和主药主要负责药物的种植、采收、炮制、贮存；各科博士、助教则主要负责本专业的教学工作。唐代太医署沿用隋朝的制度，兼有医学教育和医疗双重任务。太医署的教学分为医学和药学两大部分，医学部分又分医、针、按摩、咒禁4个科系，每个科系都有专门博士和教授学生，并有助教、医师、医正辅助教学。药学部分有主药、药园师、药童及府、史等，负责教学和日常工作。太医署师生员工达300多人。

太医署的学生首先学习《黄帝内经素问》《神农本草经》《针灸甲乙经》《脉经》等公共基础课，然后再分科学习各自的专业课程。医学部分的4个科系分为5个专业，有学生40人。如"体疗"专业学习内科，学制7年；"角法"专业学习拔火罐及外治法，学制3年；针科学生20人，专门学习经脉腧穴理论和针灸治疗技术。

太医署考试制度非常严格，仿照国子监实行的科举制进行入学考试。入学后，每月由博士主持月考，每季由太医令、丞主持季考，年考由太常寺派监考官主持，毕业时有笔试和临床两种形式的考试。不及格的可留级继续学习，但若两年仍不能通过毕业考，则予以除名。毕业生按成绩优劣被授予医师、医正、医工、医人4种职称，分配到尚药局、太医署或到外地工作。

太医署还在京师设有数百亩良田的药园，作为学习药物栽培和识别药物的教学基地。药园通过考试录取的16～20岁的平民子弟为药园生，他们主要学习药物产地、性状、种类、栽培、采集、贮存、炮炙以及配伍宜忌等知识，毕业后可分到尚药局，也可留太医署作药园师，或到外地负责为皇室调配地道药材。

隋唐两代的太医署兼有医学教育机构和医疗单位的双重责任。其医务人员除在京城开展正常的医疗活动外，还经常奉命前往他处送医送药，为解除百姓的疾苦作出了一定的贡献。

长安洛阳兴盛私家园林

唐代的园林与前代相比，一个显著的特点就是私家园林兴盛，其中尤以经济、文化高度发达的长安、洛阳为最。唐贞观、开元年间，洛阳城内公卿贵戚开馆列舍、凿池植林，建亭列树，私家园林竟达千余家，盛极一时。长安城内以及城南樊川、杜曲一带泉清林茂之地，都布满大臣权贵、公卿官署的园林，甚至佛教寺院内也有供人观赏游览的庭院，盛况空前。

唐代私家园林规模较大，与唐人在城市、建筑上所表现的偏大的特点相一致，这在私园的大型园林中表现更为明显。皇亲国戚、大臣权贵大量占用土地，开池堆山。如牛僧孺的一处园林即有400多亩。中唐名相李德裕在洛

王朝暮年

唐三彩假山。是唐代园林艺术与建筑结合的实物资料。

阳的园林周围40里，其间青山绿水、轩阁亭台无一不全。一些诗书文人的私园规模相对较小，然而白居易以"小园"自居的洛阳履道坊园，也在10亩左右。随着私园的普遍发展，小型园林日益增多。在小片的宅地上，凿池堆山、种花植草、建亭置榭，将自然之美和人工之美结合起来，借景抒情，托物寄兴，充分展现出盛唐时代人们积极乐观、胸襟开阔、国富民强、钟情于山水、追慕高雅逸情的社会风尚。许多官僚文人不仅在城内拥有宅园，而且在郊野名胜之地另建造别墅，依山傍水，在优美的自然环境之中建亭馆，立草堂，更觉淡雅、幽静，颇有野趣。其中以李德裕的平泉庄、王维的辋川别业和白居易的庐山草堂最著名。

中晚唐时，私家园林小型化趋势逐渐加强。上至公卿、下至文人墨客，都不像盛唐时那样看重园林规模，而是将注意力集中到奇花异草怪石上去，喜好程度达到"癖"的状态。他们凭借其高深的文学修养以及多年欣赏园林的经验，赋予石以血肉，花草以灵气，朝揣夕玩，爱不释手。牛僧孺就曾把石分为九等，并对各等级均有品评，且每石之上皆有"牛氏石"三字；而名相李德裕的奇石均刻有"有道"二字。而对于草木，在中晚唐的园林业中更是有过之而无不及。松梅竹在南朝已被视作高雅之物，到了唐代，更被视作"贤才""益友"，这也从一个侧面体现了将草木人格化的文人的文学素养。

大诗人白居易在洛阳履道坊的宅园，以其造图匠意之高、情趣之雅，堪

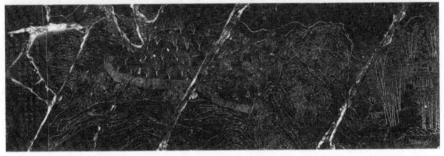

明郭澍六和清熊墨樵两人先后摹绘的王维"辋川图"石刻。

称中小型园林的代表。园的布局以池为中心，池中设三岛，岛上有亭，有桥两座与岛相通。池岸曲折，环池有路，多穿竹而过。池中又植有白莲、菱及菖蒲等。池四围还建有供子弟读书所用的书库和贮粮之粟廪，又引园外伊水支渠于池中，作小涧以听水声，另有西亭及小楼、游廊，可供宴饮、待月、听泉之用。池边竹下还有太湖石二、天竺石二、青石三及鹤一对，真可谓"造化钟神秀""山水之乐尽于其中矣"。

中晚唐的私家园林值得一提的，除了中小型园林大受欢迎之外，园中、庭中的小池也备受青睐。他们借小池寄情趣，以小喻大，往往在方圆数丈的水池中追求造化之神趣。这在当时是十分流行的一种心理，甚至影响到高官权贵们。大诗人白居易曾赞小池："勿言不深广，但足幽人适。"还有一个皇帝也作《小池赋》："牵狭镜分数寻，泛芥舟而已沉。""虽有惭于溟渤，亦足莹乎心神。"进一步发展下去，造园的私主们求池不得，则退而在庭院中作更小的盆池，借方寸之水同样得天然之乐。杜牧曾赋诗："鉴破苍苔地，偷它一片天。白云生镜里，明月落阶前。"此外，大文豪韩愈也有咏盆池的五首诗，可见当时喜爱盆池的风气之盛，宋代大量的咏小池、盆池之诗也是受这股风气影响所致。

　　唐代的私家园林，其数量之多，设计之巧，情趣之雅远非汉代可比，后世亦只能步其后尘而已。其中原因主要是盛唐恢宏精深的文化造就了一大批诗人和文学家，也造就了独具特色的私家园林艺术。私家园林艺术不仅对后世的园林有深远的影响，对文化的反作用尤甚。

831～840A.D.

唐朝

831A.D. 唐大和五年

三月，帝与宰相宋申锡谋诛宦官，京兆尹王璠泄其事。宦官王守澄等诬奏申锡谋立漳王，降漳王为巢县公。

833A.D. 唐大和七年

李德裕拜相，渐排所恶者，出宰相李宗闵为山南西道节度使。

834A.D. 唐大和八年

宦官王守澄等恶李德裕，排去之，引李宗闵复入为相。

835A.D. 唐大和九年

九月，李训、郑注与帝谋除宦官，欲中外协势以图之，图杀宦官，事泄，宦官仇士良等族训、注及宰相王涯等，前后死者数千人。自是宦官之权益大，宰相但奉行文书。

838A.D. 唐开成三年

正月，宦官仇士良使人刺宰相李石未中，李石惧请辞，出为荆南节度使。是岁，吐蕃赞普彝泰死，弟达磨立，荒淫无道，吐蕃遂衰。

840A.D. 唐开成五年

正月，帝病危，宦官仇士良等矫诏立颍王瀍为皇太弟，废太子成美仍为陈王。帝旋死，皇太弟即位，是为武宗。九月，召李德裕为相。十月，回鹘内乱，自是回鹘遂不振，夏黠斯兴起。

833A.D.

穆达西木履位，军官由突厥充之，自此国家大权逐渐落于突厥军人掌握，哈里发成为傀儡。

837A.D.

缅甸传说白古王他摩罗为其弟毗摩罗所杀。

阿拉伯与拜占廷帝国战，延续5年。

839A.D.

匈牙利人始定居于东瓦拉几亚（今罗马尼亚南部）。

840A.D.

法兰克帝国路易卒，罗泰尔（一世）继承帝号，声称有统治整个帝国之权力，路德维格与查理联合反抗之。

宋申锡被诬谋反

太和五年（831）三月，宰相宋申锡因与唐文宗密谋诛除宦官之事泄露，被诬陷谋反。

太和四年（830），文宗密召宰相宋申锡商议清除权宦。宋申锡引荐吏部

山东历城九塔寺九顶塔，在柳埠村灵鹫山下，建于唐代，为单层八角的砖塔。高 13.30 米，塔身为磨砖对缝砌筑。墙体呈内凹曲面，正南面上方设拱门，内设置佛一尊。塔檐部用砖叠涩出挑 17 皮，出檐亦呈内凹曲面，檐上又叠涩收进 16 皮砖，形成八角平台，上置方形三层的小塔九个。中间一个突兀而出，周围八个小塔环立，搭配有致，别有情趣。

侍郎王璠为京兆尹，示意文宗密旨。岂料王璠竟将密旨泄露，神策中尉王守澄和同党郑注得知后，便阴谋除去宋申锡。

当时，文宗之弟漳王李凑贤能而有威望，文宗对他心有顾忌。王守澄便上奏文宗，称宋申锡预谋废文宗立漳王。文宗听后勃然大怒。王守澄想趁机派兵屠杀宋氏家族，被飞龙使马存亮阻止。太和五年二月二十九日，文宗召宰相到中书省，其中没有宋申锡之名，宋申锡才知获罪，叩头而退。文宗立即下令逮捕此事涉及的晏敬则、王师文等人。三月二日，文宗贬宋申锡为右庶子。宰相大臣知道事情有疑，但都不敢申冤，只有京兆尹崔琯、大理卿王正雅联名上疏明察此案。左常侍崔玄亮等谏官请求将此案交外廷复核，文宗不准。崔玄亮叩头流涕，说："杀一匹夫犹不可不慎，况宰相乎！"文宗这才开始听取谏官的意见。郑注害怕文宗复核案情，使真相大白，便让王守澄早作裁决。五月，朝廷下诏贬漳王为巢县公、宋申锡为开州司马，处死晏敬则等人，并流放百人。宋申锡两年后死于开州。开成元年（836），宰相李石替宋申锡诉冤，文宗恢复其官爵。

蕃将降唐牛李争端加剧

唐文宗太和年间，朝中牛李朋党相争，屡生事端，无一宁日。

太和五年（831）九月，吐蕃维州（今四川理县东北）副使悉怛谋向唐投降。维州三面临江一面背山，是西川控制吐蕃的要地。安史之乱后，河西、陇右被吐蕃所占，后来吐蕃又用奇计攻取维州，称为"无忧城"。贞元（785～804）年间，西川节度使韦皋多次进攻却久攻不下。这时悉怛谋派人请降，节度使疑心其中有诈，派人送去锦袍金带，借口等候朝廷诏令，悉怛谋等候不及，率其部投奔成都，李德裕于是派维州刺史虞藏俭领兵占据维州。二十五日，李德裕上奏收复维州，请求带兵深入吐蕃收复失地。文宗召集众臣商议对策，众人都认为德裕之计可行。只有宰相牛僧孺反对。他以为吐蕃疆域广阔，失去维州不但不能损其毫毛，反而会使吐蕃发兵责。朝廷不应因小失大，反而招来战乱。文宗听信牛僧孺之言，诏令李德裕将维州及将帅都归还吐蕃。吐蕃将悉怛谋等人全部处死，手段极其残酷。李德裕因此而更记恨牛僧孺。

THE CHINESE CIVILIZATION

第二年（832）十一月二十七日，西川（今四川成都）监军王践言入朝做枢密使。他屡次上奏去年归还维州之事，认为此事断绝后来吐蕃守将归降之路，处置不当。文宗也后悔失策，并责怪宰相牛僧孺。朝臣中依附李德裕的人马上故意疏远、诬陷牛僧孺，文宗也疏远了他。牛僧孺感到自己的地位岌岌可危，于是向文宗表明自己当政力所不能及。十二月七日，牛僧孺出任淮南（今江苏扬州）节度使。同月，李德裕入朝任兵部尚书，太和七年（833）二月擢升同平章事。当时朋党之争激烈，文宗与德裕商议对策。德裕认为朝官有三分之一为朋党，借此排挤异己。三月，与德裕不和的朝官大多被贬，进一步打击了牛党在朝势力。

六月，李德裕奏请被牛僧孺、李宗闵贬谪的郑覃为御史大夫，诏令从禁中宣出，未经中书门下，李宗闵大为不满，宣称如果朝廷命官都由内廷宣布，还要中书何用？文宗听后不悦。十九日，李宗闵被调任山南西（今陕西汉中）节度使。太和八年（834）十月，神策军右军中尉王守澄和李仲言、郑注等人因忌恨李德裕，故力奏李宗闵入朝。十七日，李德裕出任山南西节度使，李宗闵入朝为中书侍郎、同平章事。李德裕面见文宗，要求留任京官，文宗应允，改为兵部尚书。李宗闵闻讯后上奏说制令已出不宜更改。十一月十九日，朝廷改任李德裕为镇海（今江苏镇江）节度使，不兼平章事。

当时，李德裕、牛僧孺各有朋党，互相排斥，朝廷政事无不深受其害。文宗非常忧虑，常常感叹："去河北贼易，去朝廷朋党难！"

它山堰工程完成

唐德宗（780～804年在位）以后，农田水利工程建设向南转移，出现了若干规模较大、质量较高的灌溉工程，它山堰即是其中之一。

唐太和七年（833），鄮县（今鄞县）县令王元暐主持修建它山堰，"引四明之水，灌七乡之田"。它山堰堰址选择在今浙江宁波西南50余里的鄞江桥镇西南部。它山堰的坝体结构是我国建坝史上首次出现的以大石块叠砌而成的拦河滚水坝，全长42丈，左右各砌36级石阶。上游引来的水顺着石阶下泻，分别注入大溪和鄞江中；流入大溪的水再引到宁波南门，在此汇蓄成日湖和

它山堰灌区尚存的堰体遗迹

月湖；两湖旁再凿干渠和支渠，引湖水灌溉农田。由于两湖近在宁波南门，从而也解决了宁波的饮水问题，这样就一举多得，颇见设计时的匠心。为保持水库和渠道的供水量，不至于在旱时缺水，涝时成患，修建时大溪上筑了三座节制闸门，即"堨"，能按时启闭，调节水量，和现在的水库建设相似。它山堰的设计和施工充分展示了唐代后期水利工程方面技术达到很高的标准。

造僧尼籍

太和五年（831），唐文宗为更好地管理佛教事务，令天下各州郡设立僧尼薄籍，将申报者入籍，以此为据实行管理。

唐初，朝廷便在鸿胪寺设置崇玄署管理佛、道二教。武后当权时，于延载元年（694）诏令僧尼隶属祠部。开元十七年（729），玄宗敕天下僧尼每三年造一次簿籍，一份留因县府，一份留在州郡，一份申报祠部，以限制度牒伪滥和各寺私度僧尼。

安史之乱后，全国上下各种制度都难以恢复、健全。各地乱置戒坛度僧卖钱，僧尼人数急剧增多，后来屡加限制也于事无补。太和四年（830），祠部奏请让非正度的僧尼也申报给牒，作为入籍凭据。这一措施实施后，共有70万人申报。太和五年，朝廷下命令天下州郡以申报名单为凭据，建立僧尼簿籍，实行统一管理。

唐代的妓女

唐代妓女主要有宫妓、官妓、家妓3类。

唐妓关盼盼

宫妓是以乐舞及绳、竿等杂技供奉朝廷的女艺人。宫妓多为色艺俱佳的乐户、倡优子女，也有少数平民女子，归内教坊管理。玄宗时，宫妓最盛，每年勤政楼大会，仅歌舞妓一登场就多达数百人。玄宗还在两京宫外设置左、右两个外教坊，训练大批艺妓，称"外教坊妓"。宫妓、教坊妓，名义上献艺不献身，但难得其实。如玄宗弟岐王在冬季，将手揣入宫妓怀中取暖。宫妓具有后世娼妓的性质。

"唐人尚文好狎"，官贵以狎妓相尚，政府对此也无禁令。当时两京、各大州府及某些县皆设有官妓。长安官妓靠自谋生路，受官府管辖较松。妓馆多由鸨母带数名养女组成，也有人在家中接客。她们一般以陪宴、卖淫为主，献艺为辅。长安官妓聚居平康里，妓业兴隆，"京都侠少，萃集于此"，时人谓此坊"风流薮泽"。东都、扬州等大都市的情景与长安相仿，如扬州每到夜晚"倡楼之上，常有绛纱灯万数，辉耀空中"。地方官妓属"乐营"管理，集中居住乐营，由官府供给衣粮，主要任务是承应官差、献艺、陪酒、侍夜。

家妓为官贵富户等私家蓄养的歌舞妓女。王公贵族家妓常有数百人之多。家妓除供主人玩赏娱乐外，还要招待宾客，甚至陪宿。

唐代妓女虽生活有所保障，有的还较优裕，但并无独立人格，只能任人宰割。如平康里小吏李全受人贿赂便将患病的妓女仙哥抬走陪客。唐末郿州官员在宴席间争夺官妓杜红儿未逞，竟当场杀红儿。家妓地位介于妾婢之间，命运

唐妓薛涛

也很不济。如严挺之的宠妓玄英为其子碎首残杀后，严挺之竟对儿子勇气大加赞赏。唐妓女年老色衰后，常遁入空门，与青灯古佛为伴。江淮名妓徐月英《叙怀》诗所吟"虽然日逐笙歌乐，长羡荆钗与布裙"，为妓女愁苦心情的真实写照。

薛涛去世

太和六年（832），唐代女诗人薛涛去世，终年63岁。

薛涛，字洪度，长安人。她从小跟随父亲入蜀，16岁时西川节度使韦皋召她侍酒赋诗，入乐籍为妓，20岁脱籍，隐居成都西郊浣花溪。薛涛从小有诗才，精通音律书法，历任西川节度使都很看重她。她和韦皋、武元衡、李德裕都有来往，也和著名诗人王建、元稹、白居易、刘禹锡、杜牧等有诗篇唱和。武元衡曾上奏请封她为校书郎，朝廷不许，但"女校书"称号却在当时广为流传。薛涛喜爱红色，曾令人特制深红小笺为作诗专用，人称薛涛笺，

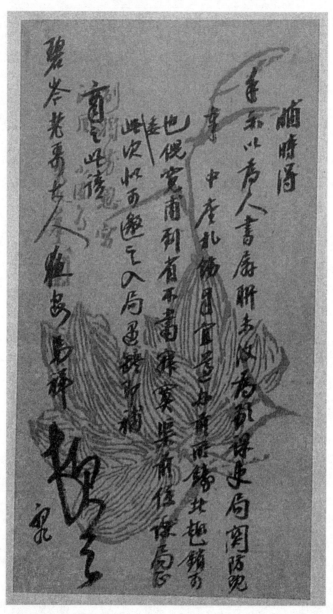

清信笺。传说唐代名妓薛涛在浣花溪雅制松花笺，称薛涛笺。历代文人墨客以此为雅事，各式信笺纷出，藉以标榜品格。

风靡千年，成为风雅佳语。薛涛诗作原集已失，明人辑有《薛涛诗》，后人又将她和李冶的诗合编为《薛涛李冶诗集》二卷。

甘露之变发生·宦官尽揽大权

唐太和九年（835）十一月，李训及其同党策划甘露之变，诛杀宦官。三十一日，文宗御临紫宸殿，百官班列，左金吾大将军韩约不报平定，上奏左金吾厅事后石榴树夜有甘露，是祥瑞之兆，宰相与百官都称贺。李训等人劝文宗亲自观看，以承天赐。于是，文宗派宰相及中书、门下两省官员先去察看。李训奏称察看结果似乎并非甘露，不可急于向天下宣布。文宗不信，又派左右神策中尉仇士良、鱼弘志率领众宦官前往验证。李训急忙召新任邠宁节度使郭行余、河东节度使王璠诛杀宦官。王璠害怕不敢入内，郭行余受旨。但李训遣兵入宫时只有河东兵而无邠宁兵。仇士良等人在左金吾仗下察验甘露，见韩约变色流汗，十分疑惑。风将帘幕吹开，仇士良发现手执兵器的士卒，又听见兵器碰撞声，大惊出走。守门人急于关门，被仇士良大声喝叱未能关上。仇士良想向文宗报告兵变，李训急忙唤金吾兵上殿护卫，每人赏钱一百缗。宦官见事紧急，忙扶文宗上轿，打断窗格逃跑。李训拉住文宗软轿不放。这时金吾兵已登含元殿，京兆少尹罗立言率

唐飞天残片

士兵 300 余人从东而来，李孝本率 200 余兵从西而来，上殿袭击宦官，死伤10 余人。而文宗软轿已入宣政门，李训仍不放手，他大声呼叫，被宦官郗志荣打倒在地。宦官马上关闭宣政门，连呼万岁。百官立即散走。

李训知道事情失败，穿上从吏的衣服骑马逃走。中书、门下两省官员都不知道发生什么事，问王涯等人，他们都说不知。仇士良知道文宗参与事变，愤怒指责，文宗惭愧害怕，不敢回答。仇士良命令关闭宫中各门，由左右军副使刘泰伦、魏仲卿各率神策兵 500 人铲除李训及同党。中书、门下两省官员、金吾吏率 600 余人、各司吏率和百姓商贩千余人来不及逃走，全部被杀。宰相舒元舆、王涯、河东节度使王璠、京兆少尹罗立言、宰相贾餗、李训等全被捕斩首，亲戚不管亲疏全部处决，孩童也不例外。李训、郑注等精心策划的甘露之变在宦官的反攻下彻底失败。

千寻塔修建

崇圣寺千寻塔约建于唐开成元年（836），位于今云南省大理县城西北苍山之麓，洱海之滨。该塔原来在崇圣寺的前面，现寺已不存。塔平面为方形。塔身最下面为石砌台基，高 1.1 米；上层台基为砖砌须弥座，高 1.9 米；台基上塔身每面宽 9.85 米。在第一层高大的塔身以上，有密檐 16 层，这在中国古塔中极为罕见，塔高 69.13 米。塔檐建筑方法为：先从壁面出叠涩一层，上施菱角牙子一层，再出叠涩 12～15 层。塔檐之上叠砌出低矮平坐。整个塔的轮廓呈现出优美的弧形，堪称佳作。塔身内为空筒式，置有似"井"字形交叉的木骨架，可以攀登塔顶。其结构形制极似于西安荐福寺塔，为唐代密檐式方塔的典型代表。千寻塔之西有两座小塔南北相对，均为八角形多层密檐式砖塔。塔高 10 层，达 42.19 米，建造时代略晚于千寻塔，当为五代时建筑。崇圣寺三塔鼎足而立，千寻塔高耸其间，塔身素白，秀丽挺拔，格外引人注目。1977 年维修千寻塔时，在塔顶刹基内发现了佛像、写经、兵器、法器、乐器、小塔、金银器皿等大批文物；此外，还发现了公元 1000 年、1142 年、1154 年的银牌，说明大理国时期曾大规模修缮此塔。千寻塔出土的文物和建筑特征与唐代中原地区的文物及建筑形制极为相近，说明当时中国各民族之

云南大理崇圣寺三塔。主塔千寻塔建于唐中叶南昭国保和时代。

间的文化交流已非常密切。

　　千寻塔是现存的唐代最高砖塔之一，反映了中国古代劳动人民的智慧和建筑才能，在中国古代寺塔建筑史上占有重要地位。

澄观圆寂

　　开成三年（838），华严高僧澄观圆寂，约70岁。

　　澄观，俗姓夏侯，山阴（今浙江绍兴）人。他从小出家，长大以后，学无常师，博览群书，经史子集、五明密咒，无所不涉，学综内外。他曾跟从天竺山诜法师学华严宗，后来到五台山撰写《华严随疏演义钞》40卷。贞元四年（788），他在大华严寺讲经，影响极大。七年，他又在河南（今山西太原南）崇福寺讲经，

045

名震京国。八年，澄观奉诏入京，在终南山草堂寺撰写新译《华严后分疏》，写成 10 卷进呈德宗，元和五年（810）被任命为僧统，号清凉国师。

澄观一生著述颇多，遗著有 400 余卷，现存 164 卷，既有佛教著作，也有许多诗文作品。澄观擅长诗文，与武元衡、李吉甫、白居易和韩愈等人结交为友。

魏谟谏止文宗观《起居注》

开成四年（839）十月，唐文宗李昂想看起居注，魏谟力谏不可，文宗听从。

贞观初年，朝廷设起居郎记录起居之事，史官随后将凡朝中之事一一记录。后来这一制度有所变动，记录日益简略。大和九年（835），文宗诏起居郎和起居舍人，命他们恢复贞观旧制，详细记录朝中事务。

开成四年十月七日，文宗向起居舍人魏谟取起居注观看，魏谟认为不可行，奏称起居注凡事必记，有善有恶，是为儆戒人君，而文宗惟行善政，不必观看。文宗称以前曾取来看过，魏谟认为这是史官的罪过，如果陛下要亲自看史，那么史官必然有所回避，不敢忠于职守，其记载之史必定不能取信于后世。文宗听从魏谟之言，不再观看起居注。

王彦威进《供军图》

唐开成二年（837），户部侍郎、判度支王彦威进呈《供军图》。

《供军图》的序中写道，自安史之乱到贞元、元和之际，朝廷所设观察使有 10 个，节度使 29 个，防御使 4 个，经略史 3 个，约计中外兵额 80 余万人。长庆户口共 335 万户，兵额约 99 万人，大略 3 户供给 1 兵。而开成时全国租赋每年不过 3500 万贯，为上供之数三分之一。三分之中，二分支付兵士衣粮。除诸道留州留使兵士衣粮外，由朝廷直接供给的有 40 万人。

《供军图》详细统计了唐代各时期的军备支出状况，是研究唐代经济和军事的重要历史文献。

宦官矫诏立武宗

唐开成五年（840）正月，唐文宗李昂病逝，时年33岁。他一生几次谋诛宦官，屡屡失败。甘露之变后几乎被软禁。他临死前召枢密使刘弘逸、薛季棱和宰相杨嗣复、李珏，想让太子监国。中尉仇士良、鱼弘志假称太子年幼多病，建议改立，李珏则认为文宗已定太子之位，不可更改。但仇士良、鱼弘志不顾反对，率兵秘密迎颖王入宫，诏立颖王瀍（穆宗第5

李炎（武宗）像

个儿子）为皇太弟，代理国政，因太子成美（敬宗子）年幼，仍封陈王，强行违抗文宗遗诏。文宗去世后，仇士良怂恿李瀍赐陈王成美死。于是，李瀍杀侄夺位，改名炎，是为武宗。仇士良等人仇恨协助文宗谋诛宦官的人，凡文宗宠信的乐工、内侍都遭到诛贬。

回鹘内乱

唐开成四年（839）十一月，回鹘发生内乱。

回鹘宰相安允合、特勒柴革谋作乱，被彰信可汗所杀。宰相掘罗勿在外带兵，以300匹马贿赂沙陀朱邪赤心，借兵攻打可汗，可汗兵败自杀，国人立厲骏特勒为可汗。这年疾病流行、又逢暴雪，羊马冻死许多，回鹘国力大衰。黠戛斯部曾与回鹘交战20多年。五年10月，回鹘别将句录莫贺引黠戛斯10

王朝暮年

回鹘《天王像》

回鹘《贵妇礼佛像》

万骑兵攻打回鹘，杀死厖驳与掘罗勿，其他各部逃散。可汗兄弟温没斯及宰相赤心等人率军到天德军以求归附。其余部分西迁至逻禄（今巴尔喀什湖南）、安西和河西定居。迁往遏逻禄的一支后来在西域建立强大汗国，并接受伊斯兰教，消灭了西域佛教势力；到安西的一支，后称西州回鹘；往河西的一支曾攻占甘州。

西迁的回鹘一直与中原通使往来，直到五代北宋，并以甥舅相称。自此，回鹘一蹶不振，黠戛斯兴起。

李商隐卷入党争

李商隐（约813～858）是晚唐著名诗人，字义山，号玉溪生，又号樊南生，原籍怀州河内（今河南沁阳），后迁郑州荥阳（今河南）。他自称与皇帝同宗，但曾祖以下几代都只任县令一类小官，家境寒微。

文宗大和三年（829），天平军节度使令狐楚爱其文才，召聘入幕，并指点他写作骈文，让儿子令狐绹与他交游。开成二年（837），李商隐因令狐楚推荐登进士第。令狐楚死后，他无可依靠，转入泛原节度使王茂元之幕，并被招为婿。当时朝廷牛李党争十分激烈，令狐楚父子属牛党，王茂元则近李党，李商隐因此被牛党和令狐指责为"背恩""无行"，成为朋党之争的牺牲品，长期受到压抑，得不到重用。参加"博学宏词"科考试，先为考官所取，又被中书省内有权之人除名，任秘书省校书郎，后调任弘农县尉，又因"治狱"事件几乎被罢官。

李商隐像

这一时期，李商隐创作了一些直接反映社会政治生活的诗篇，如《隋师东》《有感二首》《重有感》等。其中长诗《行次西郊作一百韵》，从眼前农村破败景象追溯唐王朝二百年来的兴亡盛衰变化，对唐代政治作了系统回顾，成为杜甫《自京赴奉先县永怀五百字》《北征》之后难得的诗史。卷入牛李党争后，坎坷不平的人生历程使诗人的创作向纵深发展，题材更为宽广，感情更为浓郁，表达更加婉曲，艺术上达到成熟的境界，代表作有《安定城楼》《回中牡丹为雨所败二首》《任弘农尉献州刺史乞假归京》《赠刘司户蕡》《哭刘蕡》等，约会昌元年（841），曾在制科对策中猛烈抨击宦官的刘蕡含冤而死，李商隐怀着满腔悲愤，写下一系列为刘蕡鸣冤的作品，把怒火烧向当朝君王。他在《哭刘蕡》中写道："上帝深宫用九阍，巫咸不下问衔冤。……平生风义兼师友，不敢同君哭寝门。"表达了对君王用人不察的愤怒和对受害者的深切同情。

李商隐还写了许多咏史诗，曲折地表达自己的政治见解。这些诗不同于前人托古述怀的诗作，而是以历史经验教训为着眼点，指了政事、讥评时世，成为一种特殊的政治诗。如《北齐》诗："小怜玉体横陈夜，已报周师入晋阳。"谴责君王好色误国；《隋宫》诗："春风举国裁官锦，半作障泥半作帆。"揭露皇帝荒淫侈靡；《贾生》诗："宣室求贤访逐臣，贾生才调更无伦。可怜夜半虚前席，不问苍生问鬼神。"寄托自己怀才不遇的感慨。这些咏史诗以历史上昏君荒淫误国为主题，深入一点，以小见大，把精警的立意蕴含在历史画面的传神描绘中，具有词微而显、意深而永的艺术效果，具有极高的艺术成就。

唐人重视水利工程

唐代水利工程相当发达，是促进当时农业生产高度发展的重要因素之一。据载，唐时兴修的水利工程有二百处以上，遍及关内、河东、河北、河南、江南、淮南、山南、剑南、岭南、陇右等各道。其中除一小部分是为了漕运和生活用水外，绝大部分是为了农田水利，有的是

水部式。甘肃敦煌莫高窟藏经洞发现。

在前代的基础上重新疏浚，有的是当时新建，大的工程可灌田上万顷，小的可灌田数十顷，对保障农业生产发挥了积极的作用。

唐代兴修水利工程以安史之乱（755～763）为界，可分为前后两个阶段。前期是北方水利的复兴阶段，以开渠引灌为主。在北方河曲地带，高祖武德七年（624），方得臣自龙门引黄河水灌溉韩城（今陕西韩城县）田地60余

太湖地区农田水利。晚唐时期，依据原有基础，在太湖东部大兴水利，屯田开垦，出现了"嘉禾一穰，江淮为之康；嘉禾一歉，江淮为之险"的局面。后来对太湖又大加治理，建立起完整的圩田体系，取得了抵御旱涝灾害的显著成效。太湖地区成了我国历史上重要的经济区。

王朝暮年

纤桥。纤桥是一种桥路结合的古代纤道，始建于唐代，专为漕运行船背纤所用。它或平铺岸边，或傍路临水，或飞架水上，迎流而建，桥上行人，桥下背纤，桥板均为条石铺设，被誉为白玉长堤。

万亩，是我国历史上第一次引黄灌溉成功的例证；太宗贞观十七年（643），开涑水渠，从闻喜（今山西闻喜县）引涑水灌田；高宗仪凤二年（677），在涑水以南开渠，引中条山水溉田；德宗（780～805）时，韦武在降州（今新绛地区）凿汾水灌田130余万亩。在关中地区，修复汉魏时所开的郑白渠等；而且把西汉开凿的白渠发展为北、中、南三支，称"三白渠"，其中中渠又增建彭城堰分疏四条支渠；成国渠渠口被修建成六个水门，号称"六门堰"；另又在泾水、渭水、洛水和沂水四大水源外，增加莗川、莫谷、香谷、武安四大水源，使京都所在的关中平原灌溉面积大增。在河套宁夏平原，废弃的故渠大都得以修复，又新修一批灌渠。在新修的灌渠，唐徕渠规模浩大，全长212公里，有支510条，使周围的603万亩农田收到灌溉效益，是宁夏历史上最大的灌溉工程。在边远的新疆、西藏也兴修了一些农田水利工程，贞观年间（627～649），在焉耆碎叶西南40里的城池附近筑坝、开涵洞取水溉田；武则天时（684～704）又在碎叶凿渠引水灌田，在高昌（今新疆吐鲁番盆地）兴修一批人工灌溉渠道。

安史之乱后，与北方相对照，南方农田水利建设呈现出迅速发展的趋势，如江南西道在短短10多年中就兴修小型农田水利工程600处。南方的水利工程偏重于排水和蓄水，特别是东南地区盛行堤、堰、坡、塘等的修建。这些农田水利工程大多分布在太湖流域、鄱阳湖附近和浙东三个地区，其中大部分是灌溉百顷以下的工程，但也有不少可灌溉数千顷至上万顷。如句容县绛岩湖，代宗大历（766～779）时重修，灌田万顷；宪宗（806～820）时，韦丹在江西南昌一带主持筑堤捍江，灌陂塘五百九十八，得田一万二千顷；常州孟渎，灌田四千顷。而且以它山堰和钱塘湖为代表的若干大型农田水利工程，无论在规模、质量和技术成就上都达到了前所未有的高度。它们与众多小型的农田水利工程，共同促进了唐代农业的兴盛和社会经济的繁荣。

唐代对水利工程的重视还体现在水利管理方面。此时记录编订了现存最早有关灌溉管理制度的文献资料，即是出现于敦煌千佛洞的唐代写本《敦煌水渠》，还出现了全国性的水利法规《水部式》（现存大约是开元二十五年（737）的修订本残本），对当时的水利管理有极大的指导作用，体现了当时在水利方面的综合成就。

唐朝

841A.D. 唐武宗会昌元年

十月，以仲武为留后，逾二月命为节度使。李德裕恶山南东道节度使牛僧孺，罢为太子太师。
十一月，黠戛斯自谓李陵之后，与唐同姓，破回鹘时得太和公主，遣使送归。
华严宗五祖宗密去世。

842A.D. 唐会昌二年

十月，黠戛斯遣人至天德询送太和公主事。著名文学家刘禹锡死。

843A.D. 唐会昌三年

正月，河东将石雄大破回鹘于杀胡山，降其部落二万；乌介可汗走保黑车子族；迎太和公主回。

844A.D. 唐会昌四年

三月，黠戛斯使来请师期以击回鹘。

845A.D. 唐会昌五年

僧尼及大秦、穆护、祆僧皆勒归俗，寺非应留者毁撤，田产没官，铜像、钟磬以铸钱。毁寺
四千六百余，僧尼归俗二十六万五百，收田数千万顷，奴婢十五万人。

846A.D. 唐会昌六年

三月，帝病亟，宦官拥宪宗子光王怡为皇太叔，更名忱。帝死，太叔即位，是为宣宗。四月，
宰相李德裕罢，渐逐其党。著名诗人白居易去世。

848A.D. 唐大中二年

自是回鹘散。九月，贬李德裕为崖州司户，至是德裕已四贬。

849A.D. 唐大中三年

李德裕死于崖州，由是朋党之争渐平。

841A.D.

阿拉伯穆达西木卒，子瓦西克嗣位。封留守巴格达之突厥将领阿胥纳斯为"苏丹"，代哈里发
管辖军民两政。苏丹一名由是始，而哈里发之权力亦自此日趋没落。

842A.D.

诺曼人第一次出现于西班牙。属于斯拉夫族西支之波兰人约出现于此时。

843A.D.

拜占廷帝国狄奥多拉恢复圣像崇拜。长达一世纪的毁坏圣像斗争自此终止。法兰克帝国罗泰尔
与其弟缔结瓜分帝国之凡尔登条约。

845A.D.

诺曼人在丹麦王荷利克率领下，大举向法兰克帝国海岸各地进攻。

846A.D.

阿拉伯人溯台伯河而上，进攻罗马。

吐蕃内乱

会昌二年（842）十二月，吐蕃大将论恐热举兵叛乱，自称国相，吐蕃大乱。

开成三年（838），吐蕃彝泰赞普去世，立弟达磨为新赞普。达磨荒淫残暴，天灾人祸不断，强大的吐蕃衰落下来。达磨死后，他身边奸佞臣相与王妃一道立王妃3岁的侄子乞离胡为赞普，大权落入臣相和王妃手中，其余大臣都不能干预，并不派使者到唐朝求册封。会昌二年，大将论恐热联合三个部落的1万多骑兵举兵叛乱，自称国相，扬言要诛杀王妃和当权奸臣，为国除害。

论恐热在渭州打败国相尚思罗，兼并发苏毗、吐谷浑、羊同等共10万军队，所过之处杀人无数、尸骨遍野。

会昌三年，论恐热举兵进攻鄯州（今青海乐都）节度使尚婢婢。军队到达镇西军（今甘肃临夏）时，尚婢婢派使者用金银丝帛、牛羊酒食等犒劳叛军，并致以措辞谦卑的书信。论恐热大喜，将军队退到大夏川（今甘肃和政）驻屯。九月，尚婢婢在做了充分的战前准备后派大将庞结心、莽罗薛吕率五万精兵征讨论恐热。庞结心诱敌深入，设下埋伏，围歼论恐热大军。论恐热单骑逃亡。

会昌四年（844）三月，论恐热东山再起，率军再次到鄯州袭击尚婢婢。尚婢婢分别派出五道兵力抗敌。论恐热抵挡不住，只好退到东谷（今甘肃东乡族自治县），尚婢婢派人筑木栅围困论军，切断水源。论恐热率领百人突围，其余兵将全部投降。论恐热招兵再战，又一次大败。尚婢婢在河湟一带散发檄文，历数论恐热罪状，追随论恐热的部将渐渐离去。

经过论恐热叛乱，吐蕃的力量进一步削弱。

回鹘流散·唐定回鹘

开成五年（840），黠戛斯攻灭回鹘，得到太和公主。他自认为是汉代李陵后裔，和唐同姓，于是派达干等10人护送公主回长安。

回鹘被攻灭后，于第二年二月立乌希特勒为乌介可汗。乌希特勒听说公

回鹘王像

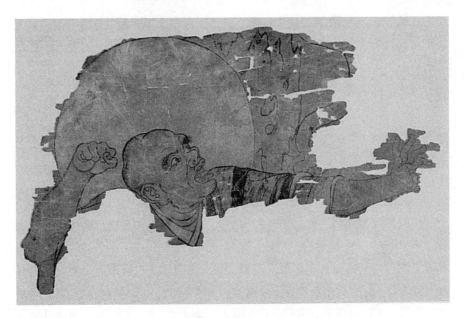

唐罗汉像残片

主将回长安的消息后，率军半途袭击达干一行，劫持太和公主，然后南行屯
兵于天德军（今内蒙）境内，在这一带任意用兵，骚扰羌、浑等部落。乌介
可汗胁迫太和公主上表，要求唐朝册封回纥可汗，并借振武城（今内蒙和林
格尔北）安置公主和可汗。会昌元年（841）十二月，武宗派右金吾大将军王
会慰问可汗，并赈济两万斛米安抚军队，赐可汗敕书，让他返回漠南，收复
失地，放公主归唐。乌介可汗拒绝了唐朝廷的要求。

　　会昌二年（842）三月，回鹘发生内乱。四月，嗢没斯率军投唐，朝廷大
行赏赐，封他为左金吾大将军、怀化郡王。五月，卢龙节度使张仲武大破那
颉啜率领的回鹘的另一支军队，那颉啜被乌介可汗所杀。八月，乌介可汗率
军南下，转战至云州（今山西大同）城下。唐政府派兵增援太原、振武、天德，
等待机会驱逐回鹘，并赐可汗书信，命他停止剽掠，返回漠南。同时，武宗
召集群臣商议对策，大臣们各抒己见。宰相李德裕认为应趁回鹘用兵已久、
力量衰微之时迅速出兵，一举破敌。武宗采纳了李德裕意见，派河东节度使
刘沔统一指挥各道兵马，屯兵雁门关（今山西）。

　　会昌三年（843）正月，乌介可汗侵逼振武，刘沔派麟州（今陕西神木）

刺史石雄等人领 3000 兵马前去抗击，自己则亲率大军继后。石雄到振武后，秘密派人告诉太和公主战事布署，半夜直攻可汗牙帐，可汗仓惶逃走。石雄紧追不舍，大破可汗的军队，迎太和公主返唐。

至此，回鹘势力大受打击，唐朝暂时避免了回鹘骚扰。

宗密禅师卒

会昌元年（841），宗密禅师圆寂，时年 62 岁。

宗密禅师俗姓何，西充（今四川）人。他从小熟读经史，胸怀大志。元和二年（807）宗密禅师赴京应试，途经遂州（今四川遂宁），偶然听到道圆和尚说法，心有所悟，立刻削发为僧，跟从道圆学法。后来他又到京师拜澄观大师为师，住在终南草堂寺圭峰阑若。太和年间，宗密禅师应邀入宫讲经，文宗赏赐紫衣以示嘉奖，宰相肖俯、裴休、温造等人都向他问道，倍受尊敬。宗密禅师去世后，宣宗又追谥他为定慧禅师。他的著作有《禅源诸诠》《华严原人论》等。后世华严宗僧人尊他为五祖。

宦官仇士良死

会昌三年（843）六月，宦官仇士良被削职抄家，失宠而死。

仇士良，字匡美，循州兴宁（今广东兴宁）人，顺宗时是太子侍从，太子即位（即唐宪宗）后任诸镇监军、内外五坊使。他专横跋扈，不可一世，曾与元稹争坐次打伤元稹。太和九年（835）被文宗封为神策左军中尉。文宗计划诛杀宦官，甘露寺之变失败后，仇士良权势更大。他大肆谋害朝臣，挟制文宗。文宗驾崩后，仇士良改诏拥立武宗继位。武宗表面上尊宠仇士良，内心却十分嫌恶，仇士良有所觉察，于是在会昌三年四月告老辞官回家。离任时，他教他的亲信邀宠之术："不能让天子闲而无事，要经常用奢靡乐舞游戏使他开心，让他无暇顾及政事，然后你们就可以为所欲为了。千万不要让他读书、亲近儒生，否则他就会了解前代兴亡之事，会疏远你们。"

五月，与他有宿怨的宦官在他家搜出数千兵杖，武宗因此削其官职，没收其家产。仇士良势力大挫。六月，仇士良忧郁而死，终年 63 岁。

宦官立宣宗

会昌六年（846）三月，唐武宗李炎病危，宦官私下更改诏书，伪称皇子年幼，立光王怡为皇太叔，改名忱。武宗死后，李忱即位于武宗灵柩前，即唐宣宗，时年 38 岁。

武宗笃信方术，因误服方士金丹，久病不愈。李怡年幼时，性情孤僻，宫中上下都认为他不聪明。太和以后，他愈发喜欢独处，和其他人共处时少言寡语。文宗李昂每逢游宴集会，总喜欢逗他说话来取乐。李怡被立为皇太叔后，无论面见百官，或裁决事务，都很合朝中礼仪，处决得当，人们认为他有"隐德"，即处乱世韬晦自匿之德。他做光王时做梦都想当皇帝，可他将这种想法以及自己的才干小心地隐藏起来，而宦官们也正是看中他孤僻木讷的表现才选中他作为皇位继承人，这正是他的宿愿。

项斯及第

会昌四年（844），文人项斯高中进士。

项斯，字子迁，江东或台州人，生卒年不详。他刚入京时没有名气，便用诗卷谒见杨敬之。杨敬之回赠诗云："几度见诗诗总好，及观标格胜于诗。平生不解藏人善，到处逢人说项诗。"从此，项斯名声大噪。后来称替人扬名为"说项"即来源于此。

项斯曾任丹徒县（今江苏镇江）尉。当时有文名，文集已散佚。明人辑有《项斯诗集》一卷传世。

发兵讨刘稹

会昌三年（843），河东都将杨弁兵变，约定与昭义节度使刘从谏之子刘稹结为兄弟，共同抗击朝廷。杨弁之乱只历时 40 天，二月八日被唐军平定，杨弁被杀，刘稹则继续抵抗朝廷。

会昌四年（844）七月，刘稹心腹大将高文端投降朝廷。宰相李德裕召问刘稹情况，高文端告知军中缺粮，并且详细汇报了刘稹军队防守虚实情况和地形状况，又说大将王钊虽率重兵防守洺州（今河北邯郸），但他与刘稹不和。李德裕于是决定派成德节度使（今河北正定）王元逵与王钊联系，设法联合攻打刘稹，许诺王钊事成后重赏并升任别道节度使。

刘稹年少性情懦弱，全凭押牙王协、宅内兵马使李士贵裁决军务。他们聚财敛货，克扣将士奖赏，军中怨声载道，人心不齐。将军刘溪尤其贪暴，他在邢州私自扣押富商，引起极大民愤。刘稹的舅父裴问劝阻再三，刘溪不仅不听，还出言不逊。裴问大怒，和刺史崔碬密谋杀死刘溪及其亲信，向朝廷投降。这时王钊和磁州刺史安玉也先后投降。昭义的核心地带山东三州全部投诚，昭义府制所在地潞州危在旦夕。刘稹闻讯大惊。大将郭谊、押牙王协见形势急转直下，便密谋杀刘稹带功投降以自保。

八月，郭谊、王协用计使刘稹解除堂兄中军兵马使兼押牙刘匡周的兵权，又派刘稹贴身侍卫董可武劝他投降。刘稹竟然听从了董可武的劝告，任命郭谊为都知兵马使。第二天，郭谊、王协就诛杀了刘稹和全族大小及亲信 12 家，然后将刘稹首级和降书送给招讨使王宰。十五日，王宰上奏郭谊投降。李德裕认为郭谊、王协与刘稹合谋造反，违抗朝命，等大势已去时又卖主求荣，应该斩首示众。武宗听从李德裕意见，派河中节度使石雄带七千人开进潞州，设下计谋擒获郭谊、王协等几十人，九月送到京城斩首。

昭义刘稹叛乱历时 1 年多，至此全部平定。

唐武宗灭佛

　　会昌五年（845）七月，唐武宗李炎下诏大举灭佛，禁毁寺院，焚烧经卷，强令僧尼还俗。

　　武宗信奉道术，认为僧尼耗蚀天下，加上受宠道士赵归真等反复劝助，他决心禁毁天下佛教。会昌二年（842），武宗下诏遣散保外无名僧尼，禁止招收童子沙弥，又赦免有过失、不修戒行的僧尼，令他们还俗，寺院钱财田

唐《陀罗尼经咒图》（局部）

唐《六尊者像册》（之一）

唐《六尊者像册》（之二）

地应纳入官府，如果不愿交纳，也可还俗，充入百姓两税徭役。

会昌五年七月，武宗下令全面毁佛，毁掉所有山野招提（即十方寺院）、兰若（一般佛寺），上都、东都两街各留两寺，每寺留僧 30 人。节度使、观察使治所以及同、华、商、汝四州各留一寺，分为三等：上等留僧 20 人，中等留 10 人，下等留 5 人。其余僧尼以及景教、摩尼教、祆教僧人全部勒令还俗。寺中铜像、钟磬等销毁铸钱，佛经佛像大量烧毁。所有被拆毁寺院的财产由朝廷没收。至八月，共拆毁寺院 4600 所，拆毁招提、兰若 4 万余所，没收良田数千万顷，还俗僧尼 26 万 500 人。寺院中留下的僧尼由功德使改隶祠部主客郎中收管。

不久，武宗再下诏命令东都寺庙留僧 20 人，诸道上等寺院只留 10 人，中等只留 7 人，下等则一人不留，并且又封毁了一批中小寺院。

白居易逝世

会昌六年（846），晚唐著名诗人白居易病逝，享年 75 岁。

白居易（772 ~ 846），字乐天，晚年自号香山居士，祖籍太原，后迁居下邽（今陕西渭南）。白家世代倡儒，白居易年轻时苦读诗书，高中进士后任秘书省校书郎、翰林学士、左拾遗等职，因不惧权贵，直言上疏而被贬为江州司马，后屡升屡贬，太和三年（829）称病东归。

作为唐代杰出文学家，白居易倡导新乐府运动，主

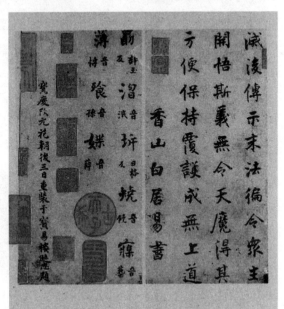

白居易墨迹

王朝暮年

白居易像

张"文章合为时而著,歌诗合为事而作",强调诗歌应反映社会现实和民生疾苦,起到"补察时政""泄导人情"的作用。他的文学主张也体现在他的诗歌创作中,尤其是他的"讽喻诗",反映了广泛的生活画面,表现出统治阶级残酷压迫劳动人民的普遍状况。他的诗现存3千多首,质朴通俗,优美流畅。前期许多优秀作品,如《新乐府》《长恨歌》《琵琶行》《卖炭翁》等,不仅当时广为传诵,更是千古不朽的名作。他的作品集有《白氏长庆集》五十卷传世,还编有类书《白氏六帖》。

《长恨歌》故事条屏。清代人作。

宣宗复兴佛教

　　唐武宗好道恶佛,于会昌五年(845)大举灭佛,拆毁寺院,遣散僧尼。会昌六年(846)三月,唐宣宗李忱即位后,废除了武宗的禁佛之令,实行抑道崇佛,开始全面恢复各地佛教。五月五日,宣宗大赦天下,令长安上都、东都两街除武宗朝留有的两寺外,各增建8座寺院,恢复以前僧尼的人数,和功课、佛事等。大中元年(847)三月,宣宗敕复佛寺。会昌五年所废除的佛寺,如果有僧尼愿意修复,则可担任本寺住持,官府不得禁止。在宣宗复

王朝暮年

唐菩萨立像。盛唐菩萨立像的姿态，以多采取S形的三段式屈曲式，和不避忌对人体官能美的刻划，形成了鲜明的风格。造型比之前代的菩萨立像，显得生动而优美。本图的立像，虽然头部、右臂和左前臂以及双膝以下皆残失，但仍保持着婀娜柔美的体态，能看出高超的雕刻技巧。身躯的轮廓线和结构的起伏转折微妙动人，天衣和长裙的褶襞顺畅流利，具有轻柔软薄的质感。光洁细腻的肌肤和圆润的躯体显示出充沛的生命力，堪称盛唐石雕菩萨像的代表作。

兴佛教的政策下，全国佛教迅速复兴，大量寺院很快重建，许多被迫还俗僧尼也重入佛门，一时，举国佛教又兴盛起来。

李绅去世

　　会昌六年（846），唐代政治家、文学家李绅病逝，终年75岁。

　　李绅字公垂，润州无锡人，元和初年考中进士，曾为浙西（今江苏镇江）节度使李锜辟为掌书记。元和二年，李锜叛乱，命令李绅写奏疏，李绅坚决不肯，被囚入狱中。李锜兵败后被杀，朝廷任命李绅为右拾遗。穆宗即位后，授予李绅翰林学士之职。李绅和李德裕情投意合，结为好友。因与李逢吉有矛盾而被陷害，一贬再贬。太和年间，李德裕任

枫桥。位于江苏省苏州市阊门外枫桥镇边，始建于唐代，因唐代诗人张继《枫桥夜泊》诗而闻名。原名封桥，清咸丰十年（1860）桥毁，同治六年（1867）重建。图中关楼为铁铃关，雄居桥东。

宰相，升李绅为浙东（今绍兴）观察使。而牛党一当权，李绅又作为李党成员被排挤。他随李德裕沉浮而升降，曾任河南尹、宣武（今开封）节度使、淮南节度使，在任期间以刚严著称。会昌六年七月李绅在淮南病逝。

　　作为文学家，李绅有诗才，他的《悯农诗》是千古绝唱，反映了他同情劳动人民的思想倾向。他还参加过新乐府运动，作有失传的《乐府新题》20首。他的著作有《追昔游诗》三卷，《杂诗》一卷，均存于《全唐诗》中。

《玄怪录》结集

　　《玄怪录》，又名《幽怪录》，是唐代牛僧孺的传奇小说集。集中所记多为鬼怪仙异之事，但故事新奇，文辞委婉雅洁，人物对话和细节描写比以前的志怪小说有所增强和发展。一般认为这是牛僧孺早年炫耀才华之作，也

是结集较早的传奇小说。晚唐时期有大批传奇专集出现，表明传奇小说的文学形式已引起文人的重视，形成了自己的规模和特点。

　　牛僧孺（780～848），字思黯，安定鹑觚（今甘肃灵台）人。贞元进士，大中元年（847）曾为太子少师。去世后赠太尉，追封文简。他是"牛李党争"中牛党首领。少负才名，颇喜志怪。曾与白居易、刘禹锡等人和诗。《全唐文》收其文19篇，《全唐诗》收其诗4首。

唐代文吏俑。唐代京洛地区明器由"甄官署"掌管制作，朝廷对不同等级的官僚所使用的明器种类、数量、尺寸曾有定制。但贵族官僚不循定制使用明器的情况时而有之。此俑型制高大，尺寸超过了一般规定，当非低级官僚所用。

贬牛李党

晚唐牛李党争日益激烈，引起朝官内讧、人员内耗，文武百官人心惶惶。

牛李两党在文宗时即已形成。文宗先任用李宗闵、牛僧孺为相，后因不满于他们在边地问题上的软弱态度，改用李德裕为相。文宗因厌恨牛李之争，罢黜了双方党羽，但并无更好对策。文宗之后，党争日益尖锐。

武宗即位后，重用李德裕及其同党。李德裕同牛党首领、被罢相的牛僧孺、李宗闵积怨日深。会昌四年（844），刘稹叛乱平定后，李德裕奏称牛僧孺、李宗闵与刘从谏交往甚密，而且兵变平定后，牛僧孺闻讯长吁短叹。武宗于是大怒，将牛僧孺贬为循州（今广东惠州）长史，李宗闵流放封州（今广东封开）。

会昌六年（846）三月宣宗即位。宣宗向来厌恶李德裕专权，登基后不久即贬李德裕为荆南节度使，并大力删除李党羽翼。李德裕在武宗时担任6年宰相，德高望重。宣宗此举，上下震惊。

大中元年（847）九月，有人上奏告李德裕与前淮南节度使李绅互相勾结，欺上瞒下，枉杀好人。宣宗调查后认为情况属实，因此再贬李德裕为潮州司马，并又一次惩处李党党羽。

牛李两党自形成以来明争暗斗，经文、武、宣宗三朝大力整治，终于在大中初年李德裕、牛僧孺死后基本肃清。

吐蕃三州七关来降

唐大中三年（849）二月，吐蕃秦州、原州、安乐三州及石门等七关（今甘肃宁夏一带）守将因为吐蕃国内战乱不已，前来投降唐朝。

六月，宣宗任命太仆卿陆耽为宣慰使，诏令泾原、灵武、凤翔、邠宁、振武等地出兵应接，分别取原州、安乐州、秦州三州及石门、驿藏、木峡、制胜、六磐、石峡和萧关。至此，三州七关成为唐朝领地。

汉、蕃文对照千字文残卷

八月，宣宗下诏征募百姓开垦三州七关土地，5年之内不纳租税；今后凡京城应该流放的罪犯都发配到此；屯驻防守三州七关的将士，如果能耕种经营所守土地，则由政府配给耕牛和种粮；三州七关驻守将士都发给加倍衣物军粮，两年轮换；温池（今宁夏中宁东）盐矿由度支管理，赡济边防；在通往中原的道路上建置堡栅，商贩、旅人往来贸易，守关将士子弟通传家信，各关镇不能阻拦。同时，三州七关军人百姓一千余人来到长安，宣宗亲临延喜门接见河陇军民，众人欢呼跳跃，当即脱去胡服，换穿唐装。围观者也群情高涨，高呼万岁，庆祝收复吐蕃侵占失地。

由于三州七关归降深得民心，朝廷又采取了一系列特殊的开发措施，这一地区经济逐渐发展起来。

唐代吐蕃时期《涅槃经变局部·天龙八部》

李翱提出复性论

李翱（772~841），唐朝陇西（今甘肃武威）人，字习之，唐代哲学家。他担任过国子博士、刺史、侍郎、山南东道节度使。著作有《李文公集》《论语笔解》（与韩愈合著）。其哲学代表作是《复性书》。

李翱受佛学影响较深，他在《复性书》中，一方面阐述和发挥了儒家经典《中庸》的性命学说，继承儒家思孟学派的唯心主义传统；另一方面，又注入佛教的心性思想，形成一套唯心主义理论体系，即复性学说，在理论上呈现出儒、佛思想合流的趋势。

在人性论方面，李翱主张"性善情恶"论。他认为每个人都具备做"圣人"的基础，人的本性都是先天就符合道德标准的，"百姓之性与圣人之性弗差"。"性"是纯粹至善的；而"情"却是害性的。之所以凡圣有别，就在于百姓为七情所惑，而圣人却能保持先天的本性。在"性"与"情"的关系上，他认为人的"性"是基本的，"情"是由"性"派生的，从属于性的。他以水和火喻"性"，以泥沙和烟喻"情"；水流浑浊是因为掺杂了泥沙，火光暗淡是因为烟雾郁结。泥沙沉淀，烟雾消散，则会水清火明。凡人要去情复性，才能成为圣人。李翱的这种观点，明显地与佛教"心性本觉，妄念所蔽"之类的命题有相通之处。

李翱还提出了"复性"的途径。他认为首先要"无虑无思"，也就是要彻底排除外物的干扰，摒弃一切视听见闻的感觉和理论思维活动，如此自然就"情则不生"，达到"无思无虑"的境界。

要达到"复性"的目的，要做到"知本无有思"，即通过自我内心"修身养性"的过程，领悟到本来就没有什么思虑，"心寂不动，邪思自息"，于是动静皆离，达到"至诚"境界，人就能复归于本性，超凡入圣。他认为人性的复明在于"诚"，"诚"便能"尽其性"，从而使自己的行为合乎道德准则。这一提法既发挥了《中庸》中"诚则明"思想，又受到佛教禅宗"无念为宗"学说的影响。

《理伤续断方》奠基骨伤学

  《理伤续断方》是唐代蔺道人所著的骨伤科专著。

  蔺道人（约 790～850），长安出家人。会昌五年（845），唐武宗诏令佛道僧尼 26 万余人还俗从事农业生产后，他隐居在江西宜春钟村，将所写的《理伤续断方》传给彭叟后又隐居他处，被人传为仙者，所以《理伤续断方》也有《仙授理伤续断秘方》之称。该书是我国现存最早的骨伤科专著，对前人的成就和他本人的经验作了较全面的总结，强调骨折的整复、固定、活动、及内外用药的治疗原则，记载了骨折脱位的多种整复方法、全身麻醉药方和内服外用的治疗方剂，是中国骨伤科学的奠基之作，对后世骨伤科学的发展产生了巨大影响，至今仍有一定的指导和借鉴作用。

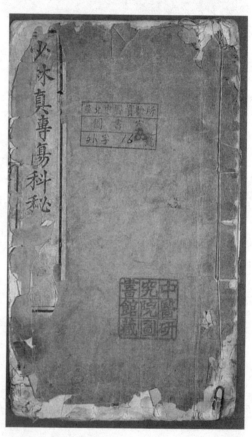

《少林真传伤科秘方》书影

  《理伤续断方》由"医治整理补接次第口诀""方论""又治伤损方论"三部分构成。第一部分有条文 43 段，全书载方名 46 首，实有方剂 45 首，共用药物 160 多种。

851~860A.D.

唐朝

851A.D. 唐大中五年

正月，沙州人张义潮逐吐蕃，摄州事，奉表来报，张义潮略定瓜、伊、西、甘、肃、兰、鄯、河、岷、廓十州，遣使入献图籍，于是吐蕃所侵河、湟之地尽复。

852A.D. 唐大中六年

著名文学家杜牧死。

854A.D. 唐大中八年

宰相令狐绹密陈黜宦官权之策，为宦官所知，由是益恶朝士。

858A.D. 唐大中十二年

四月，岭南军乱，五月，湖南军乱，七月，宣州军乱，是岁，著名诗人李商隐死。

859A.D. 唐大中十三年

六月，宣宗死。宦官王宗实等立郓王温为皇太子，更名漼，旋即位，是为懿宗。南诏王丰佑死，子酋龙立，称皇帝。

860A.D. 唐大中十四年　懿宗李漼咸通元年

正月，裘甫败浙东台州兵，陷剡县。著名书法家柳公权死。

851A.D.

诺曼人第一次在英格兰渡过冬季。西法兰克查理击败丕平，俘获后者。约自此时起，威尼斯商人开始将欧洲人（基督教徒）贩运到阿拉伯帝国各地为奴隶。不堪阿拉伯人压迫之亚美尼亚人民掀起暴动，将军博哈率大军前往镇压，屠杀三万人。

保加利亚波利斯为国王，继续向西发展，但853年为日耳曼人击败，860年又为塞尔维亚所败。

西法兰克查理与西班牙之萨拉森人媾和。

852A.D.

法兰克帝国封建等级制在此时开始形成。

857A.D.

日本废大衍历，行五纪历。改元天安。藤原良房为太政大臣。

开藤原氏此后二百余年摄政之端。

860A.D.

俄罗斯人（瓦利基亚人）第一次出现于君士坦丁堡。

张义潮归唐

王朝暮年

　　大中五年（851）正月，吐蕃统治下的沙州人张义潮率军归唐，唐朝任命张义潮为沙州节度使和十一州观察使。

　　沙州本是吐蕃控制下的地方，张义潮趁吐蕃发生动乱之际，起兵抗击吐蕃，唐人都积极响应，队伍很快壮大，吐蕃守将惊惶逃遁。张义潮率军投奔唐朝。朝廷马上派义军驻留沙州，并任命张义潮为沙州防御使。十月，张义潮出兵河湟之地，很快平定瓜、伊、西、甘、肃、兰、鄯、河、岷、廓十州（今甘肃青海交界一带）。然后派兄弟张义泽赴京，献上包括沙州在内的十一州地形图籍，从此，唐朝河湟失地收复。

　　十一月，朝廷任命张义潮为沙州节度使，十一州观察使。以后，张义潮和他的亲族世代统治河湟之地，定期向朝廷汇报情况，事实上成为地方霸权。

敦煌壁画《张义潮统军出行图》（之一）

敦煌壁画《张义潮统军出行图》（之二）

敦煌壁画《张义潮统军出行图》（之三）

裴休整顿漕运

大中五年（851）二月，裴休任盐铁转运使，上任后他大力整顿漕运，革除旧弊。

自太和以来，每年运输江淮地区米不过40万斛，能达到渭河流域粮仓的不到三四成。其余部分都被漕吏贪污，中饱私囊，另外，由于管理不善，官船每年要沉没70多只。漕运弊端百出，起不到南北枢纽的作用。

裴休任职后，先派下属分头调查，查明具体弊病，然后根据实际情况制订严格规章制度。漕运所经之地，由各地县令兼管漕事，酌情奖惩。从江津到渭口，以40万斛的粮食计算，合计缗钱28万贯，都归漕吏管辖，巡院不能侵占。又立10条新法约束漕吏。实行新制度后，这一年漕米运到渭河仓的有120万斛，再也没有沉舟之事。

大中六年，裴休因整顿漕运功劳卓著，升任宰相。

崔龟从撰《续唐历》

大中五年（851）七月，宰相监修国史崔龟从等人编撰完成《续唐历》二十二卷（一说三十卷）奏上。《续唐历》是一部编年体史书，记载了代宗大历十三年（778）到宪宗元和十五年（820）史事，上接柳芳所撰《唐历》。《续唐历》今已佚失。

崔龟从字玄告，清河（今河北）人，从小习读诗书。元和十二年（817）登进士科，又登贤良方正制科和书判拔萃二科，并任右拾遗。十一年后改任太常博士，擅长礼学，通晓历代沿革，曾屡次上书指出朝廷礼仪得失。后来转任史馆修撰、中书舍人。开成元年，出京担任华州（今陕西华县）刺史。大中四年，拜同平章事。修撰完《续唐书》后罢相，任宣武（今开封）节度使。

白敏中平党项

　　大中五年（851）春，唐宣宗派白敏中平定南北党项，白敏中半年后上奏党项平定。

　　南山、平夏党项时有骚乱，难以平定。宣宗了解到其中原因多由于边将贪暴、欺夺军马、妄加诛杀所致。于是在宰相崔铉的建议下选儒臣取代暴戾的武将前去平定党项。

　　三月，宣宗任命白敏中充任招讨党项行营都统、制置等使以及南北两路供军使兼邠宁（今陕西彬县）节度使，驻军宁州（甘肃宁县）。四月，白敏中以左谏议大夫孙景商为行军司马，知制诰蒋伸为节度副使。不久，定远城（今宁夏平罗南）使史元在三交谷（今内蒙与陕西交界处）大破平夏党项，白敏中立即向朝廷送上捷报。对南山党项则未用兵力，而是授田耕种，并戒告边将与党项和平相处，不可施暴，如果党项重新起兵反抗，则拿有关边将问罪。八月，南山党项请降，愿意归顺大唐。

　　十月，党项之乱完全平息，宣宗罢去白敏中都统之职，仍任邠宁节度使。

韦澳作《处分语》

　　大中九年（855）五月，唐宣宗密令翰林学士韦澳将全国各地风土人情等搜集整理，编成《处分语》一书，作为处置各地事务时的参考。

　　宣宗明察强记，可将宫中厮役、天下奏狱吏卒姓名一一记明，普通奏书中一字之差都能清楚记住。为更好地处理各地事宜，他让韦澳作《处分语》。《处分语》一书使得宣宗处理政事更为精当，地方官为皇上处置本地事件符合民情深表惊讶。

　　韦澳字子斐，太和六年（832）登进士，第博学鸿词科，在藩镇担任幕僚。大中初年，被召为翰林学士。在翰林时每逢宣宗下旨发生错误，他不是马上驳回，而是到第二天再上疏议论，宣宗一般都收回原旨，采纳韦澳的意见。

宣宗还曾与他密议诛除宫中宦官的事，韦澳未能提出有用建议。他后来改任京兆尹，处理政事不避权贵，令当地豪绅势要大为收敛。

张潜谏奖羡余

大中十二年（858）七月，右补阙内供奉张潜上疏宣宗，陈述藩镇奖赏羡余的弊端。

唐代地方官搜刮财物，以赋税盈余的名义进贡皇室，称为"羡余"。宝历年间，盐监史王播曾上贡羡余绢百万匹，他对百姓搜刮勒索，人民苦不堪言。每逢地方官更换之际，皇室都查明仓库存积财货，以羡余来衡量地方官政绩，并给予一定奖励，这种奖羡余制度弊端极大。例如藩镇诸将靠增加赋敛、停废将士、削减衣粮来充凑羡余，致使兵众抗议，甚至起兵反抗，南方连年军乱，都是因为镇将苛扣将士。而一旦兵乱，又必须发兵镇压，费用更为浩大，于军心、于民意、于国库都十分不利。

张潜上书，一一分析了地方与军中羡余的由来与弊端，建议规定藩镇官员不准增加赋税、不准减少粮食军备，只有节省多余开支、游宴开支而来的羡余朝廷才予以嘉奖。宣宗认为他的上疏极有道理，马上采纳。

佛光寺建成

唐大中十一年（857），佛光寺重新建成。

佛光寺位于今山西省五台县豆村附近。原创建于北魏，9世纪初存有3层7间弥勒大阁。唐武宗时，大肆灭佛，会昌五年（845），佛寺遭毁。后在旧址重建大殿，现保存完好。1937年建筑学家梁思成发现此殿。大殿位于佛光寺东端山岩下高12米多的台地上，面西，为全寺主殿。佛寺不大，但按地形布局，错落有致。配殿文殊殿在台地下院落北侧，建于金天会十五年（1137）。其他建筑为清代以后所建。

大殿宽7间，中间5间有板门，两端各1间无门，设直棂窗，通长34米多；

佛光寺大殿

佛光寺大殿内槽梁架

王朝暮年

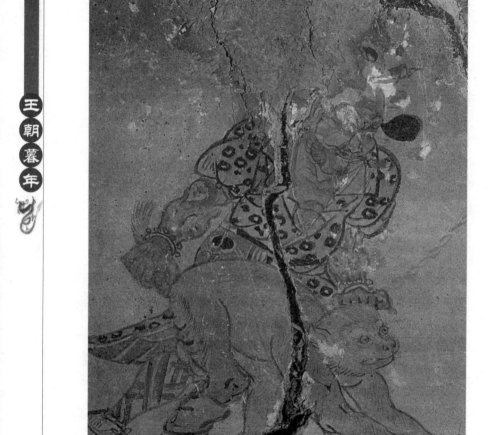

山西五台佛光寺镇妖壁画

进深 4 间，17.66 米；庑殿顶。殿内设一圈内柱（金柱），将空间分成内槽和外槽两部分。外槽空间较为低窄，作为内槽的衬托之用；内槽空间较为宽高，沿内槽后部三面有墙，围着佛坛，坛上存有唐代的彩塑像 30 多尊，沿大殿后墙和左右墙的阶状台座上设有清代以后所塑罗汉 500 尊。佛坛设围墙，上面有长覆形的天花，由用木条组成方格状的平和斜置四周的峻脚椽组成。天花下显露的 4 条大梁及其上下的斗拱把佛坛空间分成 5 个较小的部分。佛坛正中为 3 尊较大的坐佛塑像，两端塑像较小，为骑象普贤菩萨和骑狮文殊菩萨，各像周围又都有一些其他小像，共组成 5 组，对应 5 个空间。

大殿建筑具有很强的秩序感和整体感，建筑的空间与雕塑也配合得十分默契。佛坛设围墙，既强调了佛坛在大殿中的中心地位，也突出了雕塑所在空间的重要性。塑像的高度、体量与所在空间相对应，既不显拥塞，也无空旷之感。建筑设计者也考虑了视线效果。人站在殿门时，内柱围成的框并不阻挡塑像的完整组群和坐佛背光；站在内柱一线时，佛顶与人眼的连线仍在正常的垂直视角以内。大殿内残存有数幅唐代壁画、建筑彩画和题字。

大殿立面竖向为台基、屋身和屋顶。台基朴素无华；屋身立柱分侧脚和生起，显得体型稳定和富有韵味。柱上斗拱粗大，高度几近柱高之一半。出檐舒远，外挑达 4 米，约等于檐口到柱底的一半高度。屋顶坡度平缓，屋檐从立面中心起即开始向两端上翘，曲线柔韧，整座屋顶从容舒展。正中屋脊边高中低，略呈弧线，两端以尺度颇大而轮廓简洁的内卷鸱吻收束，位置恰到好处，与立柱互相对应，增强整体造型的有机性。现为全国重点文物保护单位。

佛光寺大殿是现存中国最早的木结构殿堂之一，造型精美，格调雄健昂扬，雍容大度，为中国建筑艺术的精品，在中国古代建筑史上占有重要地位。

王式抚定安南

大中十二年（858），安南（今越南河内）屡遭南诏侵扰，军患日增；加上安南都护李涿贪婪暴虐，常向南蛮人民强行廉价购买牛马，并滥杀无辜，边民苦不堪言，局势越发动荡不安。宣宗为安抚安南，派康王傅王式任安南

都护、经略使。

王式是太原人，因祖荫而入仕为官，有才略，任地方官期间关心民生疾苦。他上任后，选练兵士，修筑城池，加强防守。并整顿吏治，严明法纪。不久，南诏大举入侵，王式沉着应战，派翻译喻责出兵，很快击退蛮军。七月，安南又生动乱，蛮族想赶走王式，王式穿上战袍率军登上城楼斥责发起动乱之人。第二天，将闹事者捉拿问斩。洞蛮有杜氏家族，自齐、梁以来就骄横不可一世，是安南一大祸患。王式设下计谋离间杜家内部，内讧中酋长杜守诚战败而死，杜家气焰大灭，不敢再为非作歹。安南多年来饥荒、战乱不断，又有前都护使李涿苛扣军民，军中兵士困顿不堪。王式按军功厚赏兵士，补发粮饷，深得军心，从此王式一呼百应，不再有内患。

经过王式一番治理，安南平定。占城（今越南中南部）、真腊（今柬埔寨、泰国等地）都派使者前来，建立友好关系。

唐懿宗即位

大中十三年（859）八月，唐宣宗因笃信神仙，服用医官李玄伯、道士虞紫芝、山人王乐等配制的仙药，祈求长生不老，却导致背部生疽而亡。宣宗生前喜爱三子夔王滋，有心立为太子，但碍于嫡长子继承制，迟迟未立太子。临死前，他密召枢密使王归长、马公儒、宣徽南院使王居方，令三人立夔王为太子。

当时，左神策中尉王宗实与王归长等三人不和，三人曾想派他作淮南监军以免他从中阻拦，但他识破三人用心，叱责三人矫诏不法。宣宗七日卒，王宗实九日下诏立宣宗长子郓王温为皇太子，代理国政，改名漼，并从宣宗驾崩之日起改为新纪年一日，这之后所见的宣宗遗诏都为假诏。因此，真正的宣宗遗诏反而得不到承认，宣诏的王归长、马公儒、王居方三人立刻被杀。

八月十三日，李漼即位，即唐懿宗，升王宗实为骠骑上将军。廿日，处决了为宣宗制药致死的李玄伯、虞紫芝、王乐等人。

同年十二月，懿宗以翰林学士、兵部侍郎杜审权为宰相。

唐人宫苑图。线条勾出层
叠的山石、树木、楼阁，
清晰可见。幽境中严整的
宫殿台阁、水榭朱栏，似
"神仙之境"，显出唐代
宫苑的金碧辉煌，反映了
帝国强盛时期富丽的时代
气氛。

083

日僧圆珍回国

大中十二年（858），来唐求法的日本高僧携带大批佛经道具乘船回国。

大中七年（853），日僧圆珍等人乘唐朝商人良晖的船入唐学法，途经温州、台州后到达福州，在福州（今福建）跟从中天竺沙门曼素悉怛罗学习悉昙章。第二年，到越州（今浙江绍兴）开元寺学习天台教。大中九年（855），到长安福寿寺，拜青龙寺法全为师，学习密宗。他利用几年时间，拜各派宗僧为师，广泛涉猎佛教各宗派经典要义。

大中十二年，圆珍带着经论佛夹等441部共1000卷、真言道具16种，

日本正仓院。正仓院是日本著名的皇家文物仓库，它原系奈良东大寺专门存放宝物的地方。公元756年圣武天皇逝世后，光明皇后将天皇的一部分遗物施献给东大寺，存于正仓院，其中有中药60种。千余年来，这些药物被完好地保存下来。正仓院药物多是从中国运往日本的，唐代中药材输入日本的情况于此可见一斑。它不仅是中日医药交流的历史见证，也是世界医学史上的奇迹。

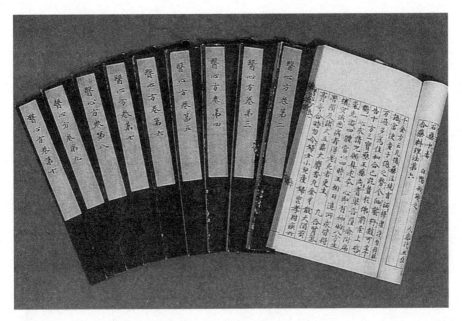

《医心方》书影。《医心方》是日本现存最早的综合性大型医学方书，成书于984年，正当我国北宋初年的太平兴国年间。该书摘引的中国医书多达160余部，反映了中国医书盛传日本的情况。图为日本安正元年奉旨校刻本《医心方》。

及各种碑铭文等，搭乘唐朝商人李延孝的船回国。

回国后，圆珍将他求得的经法编了五种目录：《开元寺求得经疏证目录》《青龙寺求法目录》《福州温州台州求得经律论疏证外书等目录》《日本比丘圆珍入唐求法目录》《智征大师请来目录》，都流传于世，为中日文化交流作出卓越贡献。

南诏酋龙称帝

大中十三年（859）十二月，南诏王酋龙自称皇帝，改元建报，派兵攻陷播州，南诏与唐在和平共处几十年后又开战火。

唐德宗时，西川节度使韦皋善待南诏，开通青溪道以利南诏向唐朝上贡，并挑选南诏子弟来成都学习书法、算术，以此方法维持与南诏的友好关系。

南诏太和城遗迹

　　60 多年来，在成都学习的南诏弟子达千人，地方政府难以供给，再加上入贡唐朝的南诏使者回赐丰厚，贡徒队伍不断增多，蜀地应接不暇。十三年，杜悰任西川节度使，奏请朝廷削减南诏入贡使者和来蜀学习弟子人数。这一举措激怒了南诏王丰祐，开始派兵骚扰边地。

　　这时正值宣宗去世、懿宗上位，恰好南诏王丰祐死，儿子酋龙立，酋龙怨恨唐朝不派使者前来哀悼，因此对唐朝派来报告宣宗死讯的使者待遇刻薄。使者还朝报告情况，懿宗不按惯例册封酋龙为南诏王。于是酋龙自称皇帝，改元建极，与唐朝为敌。

裘甫起事

　　大中十三年（859）十二月，浙东贫民裘甫起义，很快攻克象山，进逼剡县，浙东地区为之骚动。咸通元年（860）正月，裘甫攻克剡县（今嵊县）。许多贫苦人民从四面八方前来投奔裘甫，他的军队增至三万人，分作三十二队，他自称天下都知兵马使，改元罗平。同时收集粮草，修制兵器，连连攻下唐兴、上虞、余姚、慈溪、奉化、宁海等地，声震中原。

这时，义军已经威胁到东南贡赋和漕运。唐懿宗改派王式顶替郑祗德的浙东观察使之职，征发各道兵力前往镇压。王式赴任后，严明军法，整顿军事，开仓济民，争取民众，肃清军中与义军密通者。而义军方面，裘甫没有采纳建议攻取越州向南北发展的合理建议，犹豫不决，坐失良机，由优势变为劣势。

四月，王式军分东南两路进攻义军。义军节节失利。五月，宁海失陷，裘甫率军队逃入甬溪洞（今宁海西南），修整后突围冲出，退到保南南陈馆下（今宁海西南），但马上又被官兵东路军杀败，损失数千兵力。六月，裘甫再次攻入剡县坚守不出。王式命令军队围城，久攻不下后切断城内水源。廿一夜，裘甫率军突围，不幸被俘，八月被械送至长安杀害。

唐兴厚葬

唐代，王公贵族、大小官吏及一般平民死后都实行墓葬并风行厚葬。

唐代丧祭，多依循古礼，有发丧、出孝等程序。唐坟墓规格依身份不同，差别悬殊。如规定一品"陪陵"大臣"坟高四丈以下，三丈以上"；一品官坟高1丈8尺；庶人墓高4尺等。皇陵规模多宏伟巨大。

唐代厚葬之风十分严重。"王公百官，竞为厚葬……破产倾资，下兼土俗"。葬时，偶人像马，雕饰如生。归葬途中，设有路祭，道旁设帐，内置假花、

唐金棺银椁。陕西省临潼县新丰镇应山寺遗址出土。

王朝暮年

唐长乐公主墓壁画

唐金棺银椁。甘肃省泾川县大云寺舍利石函出土。

唐银鎏金"论语玉烛"龟形器。玉烛由一圆筒和龟座组成。筒为圆柱形，并有圆柱形盖由子母口与筒身相合。盖顶部为卷边荷叶状。盖侧壁在鱼子纹地上刻一周缠枝卷叶和飞鸟。筒身上部刻缠枝卷叶和龙凤各一，亦与鱼子纹作地，龙凤间有一长方形框，内刻"论语玉烛"四字。圆筒下为龟形底座，龟背上有双层仰莲，上承圆筒。玉烛除地纹和部分龟甲外，通体鎏金。这件玉烛是用来盛放酒令筹的。这样的器物在国内是第一次发现，无论造型设计还是纹饰錾刻，都非常精妙，不愧为唐代后期金银器中的瑰宝。

王朝暮年

唐金棺银椁。江苏省镇江市北固山后峰甘露寺铁塔塔基出土。长干寺金棺（右）以锤镍法制成，通体錾刻精细的花纹。

果、粉人、食品等物。唐玄宗曾严禁厚葬，下令丧事"务从简约，凡送终之具，并不得以金为饰，如有违者，先决杖一百"，但并未收效。

安史之乱后，奢风愈炽，有的半里一祭，绵延20余里。帐幕大者竟高达80～90尺，用床300～400张。祭品精美丰盛，有的还雕木为鸿门宴等古戏，至使送葬者"收哭观戏"。唐已流行为死者烧纸钱，纸钱堆积如山，盛加雕饰。寒食扫墓也浸以成俗，并编入礼典。服丧仍以3年为限，若非遇到战事等特殊情况，不可从权。

唐代的帝陵和"号墓为陵"的陪葬墓，在地面上有陵园建筑，它的坟丘作覆斗形；一般陪葬墓和大型墓的坟丘则多作圆锥形。绝大多数墓葬是洞室墓，里面有墓室与墓道，部分墓在墓室和墓道之间有甬道。大型墓往往还开凿有天井和壁龛。墓室一般有两种，即土洞与砖室。土洞墓的墓主一般为平民或下级官吏，砖室墓则属高级官吏和皇室成员。较大型的墓都绘有壁画。唐代墓葬的随葬品丰富，可见当时各种手工业和工艺美术是相当发达的。

墓室中，土洞墓的形制先后有明显的变化。初唐时的墓葬，墓室平面多作方形或长方形，墓室为东西宽、南北窄的横室；而盛唐与中晚唐时的墓葬，长方形墓室逐渐增多，横室墓则已消失。砖室墓的形制从初唐到晚唐变化不大。墓室平面作方形或近似方形，四周多为中部略向外凸或稍向外张而呈弧形。

唐代墓葬中的壁画，反映了唐代达官显贵们的豪华生活以及当时的社会风尚等等，体现了唐代的绘画水平。

懿宗崇佛

唐懿宗笃信佛教，屡屡大兴佛事，以致倦于政事，大臣们多次上疏奏谏，他执意不听。

咸通三年（862）四月，懿宗下诏在长安慈恩、荐福、西明、庄严等四寺设置戒坛，度人二十一日，京城为之轰动。他还曾在宫中设道场，聚集各派高僧念经诵佛，并向万僧施舍斋饭。又在宫内设佛法讲席，自己亲自唱经，并手写贝叶经，可见其心之虔诚。懿宗还在咸泰殿内筑戒坛，为内寺尼姑受戒，命长安城内所有僧尼都来参加。他平日经常亲临各寺，大量施舍钱财。

除崇佛之外，懿宗平日生活荒淫无度，爱好音乐歌舞，终日不理政事，单宠乐工、僧人，对左右大臣上疏奏章置之不理，是晚唐一大昏君。

唐代法门寺地宫

1985 年秋，法门寺明代砖塔倒塌，曾发现宋元等朝珍本经卷。1987 年 4 月，在清理残塔塔基时，发现了距地表约 1 米多的唐代塔下地宫。唐代多次迎送的 4 枚佛指舍利和皇室为供奉舍利而敬献的大量金银器、瓷器、琉璃器、珠玉珍宝、漆木器、石刻、杂器、货币和大批互相叠压的丝织品都原封不动置于原处。从发掘情况来看，法门寺唐代地宫是迄今所见最大的塔下地宫。

地宫中出土的第一枚佛指舍利，藏于唐懿宗供奉、由两尊石刻天王守护的八重宝函之中。第二枚佛指舍利放置于中室内汉白玉双檐灵帐中，其形状与第一枚相似。第三枚佛指舍利珍藏于加织物所包裹的地宫室内小龛中的铁

王朝暮年

唐赤金龙。法门寺地宫出土。金龙呈四足直立状，神态极其自然生动。头上两角自然弯曲，并以纤细的阴线刻出眉、目及颈部的毛发，通体錾以细密的鳞纹，精美异常。

唐鎏金双峰团花纹镂空银香囊。法门寺地宫出土。

唐银芙蕖。法门寺地宫出土。

唐歌舞狩猎纹八瓣银杯。法门寺地宫出土。此杯为波斯流行的式样。

唐狩猎纹高足银杯。法门寺地宫出土。杯圆唇、侈口、深腹，底有圈足。下接外展高足。足中部有凸环一周。靠杯口处饰一道凸弦纹，下部阴刻一道弦纹。周身布鱼子纹，口沿下刻一周缠枝花。腹中部刻骑马狩猎图。圈足内在对称部位刻"马""舍"二字。

唐宝珠顶单檐四门纯金塔（内装佛指舍利），法门寺地宫出土。

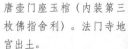

唐壶门座玉棺（内装第三枚佛指舍利）。法门寺地宫出土。

函里。第四枚舍利安置在地宫前室的彩绘四铺菩萨舍利塔中，其色泽大小、形状与第一枚相似。

上述4枚舍利是唐代皇室当年所迎送的佛指舍利。法门寺地宫中珍藏的佛指舍利是以重重密套的金、银、水晶、玉石、珠宝和檀香木等贵重材料制成的宝函盛置，反映了唐朝皇室对佛祖的极度尊崇和对舍利的极度珍视。这些雍荣华贵、工艺精湛的葬具，也反映出唐代辉煌的物质文明。

唐廷受命菩萨像

唐佛画残片

参军戏向戏曲发展

　　参军戏，亦即"弄参军"，是唐代的又一种戏剧形式，出自以前的优戏。

　　参军戏的得名有两种说法：一种是因为皇帝命优人戏弄犯有贪污罪的"犯官"，而"犯官"原职为参军，故称参军戏；一种则是因为唐代开元中，明皇特授优戏名演员李仙鹤为韵州同正参军的官职待遇，所以才把优戏表演叫做参军戏。不管哪种说法正确，在实际演出中，参军一词已失去官职的涵义而衍化为角色名称了。参军，是优戏表演中扮演被嘲弄者的角色名称，嘲弄

唐参军戏俑。二俑并非一般的侍从俑，而属戏弄俑，表演内容为参军戏。参军在唐代极为流行，宋杂剧、金院本中之副净、副末角色一般认为分别由参军、苍鹘发展而来。参军戏中以参军为主角，以苍鹘为配角，与现代的相声很相似。

王朝暮年

唐舞狮俑。狮子舞是中国传统杂技性舞蹈，最初可能从西方传入。此俑为二人饰扮狮子，狮头和身躯为一体，中空。身两侧各有饰带四条，全身用划线饰狮毛。

参军的角色又名为苍鹘。自此，凡出演参军戏，就由参军、苍鹘两种角色来扮人物。中国戏曲之有角色行当的划分，也始于此。

参军戏的形式较为多样化，有以滑稽调笑为主的，喜剧色彩很浓。如唐懿宗咸通年间（860～871）名优李可及演出的参军戏《三教论衡》。当时，有一种在皇帝过生日的"延庆节"，由儒、道、释三教各自讲说教义的活动，李可及即取材于此。他扮演的是被嘲弄者，属参军角色；旁边问话的即属苍鹘角色。

参军戏中也有与歌舞表演结合的形式。在唐范摅《云溪友议》中记述了诗人元稹到浙东，遇到周季南、季崇及妻刘采春组成的戏班。元稹看了她的演出赠诗一首，赞美之意溢于言表。

把讽刺的功能与歌舞表演结合的戏，可以举出《旱税》为例。类似这种反映现实、揭露官府迫害、民众遭害的戏还有《刘辟责买》《麦秀两歧》。《麦秀两歧》是一个由几个优人扮贫苦农民表演的节目，所唱曲调来自教坊里的大曲《麦秀两歧》，亦为七言句。

参军戏已经逐步发展为戏曲了，只不过从现有的材料看，它属于初期阶段，也即故事情节比较简单，人物关系比较单纯，角色行当正在产生，表现形式也比较简单灵活，但毕竟已经具有了以歌舞演故事的戏曲艺术基本特征。参军戏逐步向戏曲发展。

861~870A.D.

唐朝

861A.D. 唐咸通二年

正月，发兵救安南。比兵至，都护李鄠已收复交趾。

862A.D. 唐咸通三年

十一月，南诏扰安南，围交趾。

863A.D. 唐咸通四年

三月，归义节度使张义潮逐吐蕃，复凉州。

866A.D. 唐咸通七年

二月，张义潮奏逐吐蕃，克西州、北廷、轮台、清镇等城。三月，南诏使至成都，诏送诣长安。南诏大发兵援安南，高骈大破之，围交趾。

868A.D. 唐咸通九年

六月，置定边军节度使，以制南诏。

庞勋为主，兵变陷宿州，继入徐州，一时归附者甚多。十一月，发诸道兵击勋。王玠造《金刚经》，为现存最早的印刷品。

869A.D. 唐咸通十年

四月，庞勋兵数败于沙陀骑，乃杀崔彦曾等，称天册将军以系众心。

870A.D. 唐咸通十一年

四月，庞勋余部攻钞于兖、郓、青、齐之间，遣使招谕之。

861A.D.

阿拉伯穆达瓦吉尔为其子牟塔锡尔所收买之突厥禁卫军所杀，牟塔锡尔嗣位。自此至870年凡五易哈里发，其进退死生皆取决于突厥禁卫军之好恶。

867A.D.

拜占廷帝国巴细尔又使人杀迈克尔，自任皇帝，由此开始所谓马其顿王朝（巴细尔为亚美尼亚人，生于马其顿）。

869A.D.

奴隶起义爆发于阿拉伯。逐渐发展至三十万人，历时十五年始失败。

白银入用开始

随着唐代商品经济的发展和货币流通领域的扩大，货币的需要量也不断增加，而铜钱的数量却越来越不能满足流通的需要，钱荒现象越来越严重。

到唐末五代时期，由于钱币的缺乏，人们逐渐开始使用贵金属白银作为货币来流通。白银在唐代主要的用途是用作宝藏、器饰，有时也用作供应军费、地方进献、贿赂、谢礼、旅费和赏赐等等，但在民间实际使用时，常常需要兑换成铜钱后支付。

白银在整个唐代虽然一直没有取得法定支付手段的地位，比不上铜钱和绢帛，但根据唐末五代有关的各种文献的记载，白银的使用一直在持续增加。

白银在唐末被大量用于进奉、军费等等，有时还被用作个人的积蓄和政府的经费、赏赐、救济等，这都表明白银作为货币发挥的作用已越来越大，不久后便将取得正式支付手段的地位。

南诏两占交趾

咸通元年（860）十二月，安南土人引南诏军队乘虚攻占唐已收复的交趾城。

大中末年，南诏王酋龙称帝后攻陷唐朝播州。唐朝廷派李鄠为安南经略使戍边。李鄠为求表现，率军越境前往收复播州，使安南空虚。当地土人引三万南诏兵前来偷袭，趁虚攻占交趾城。李鄠率军逃到武州，聚集当地土军反攻，收复交趾。朝廷不满李鄠失守，不顾他已将功补过，将他流放崖州（海南）。

南诏退出安南后，转而攻占邕州。咸通三年（862）三月，再度进攻安南。朝廷派蔡袭为安南经略使，征发许、滑等8道兵等3万人

宋代银锭

唐代银饼。白银用作货币产生于春秋战国时期，主要作为称量货币，因此常铸成锭。因各地成色不同，计算复杂，故多用于大宗交易。明末开始有外国银元输入，清朝中叶后输入增加，因其使用方便，中国也自铸银元，流通日广，银锭逐渐退出市场。图为唐朝怀集庸调银饼。

敦煌晚唐《女供养人》壁画

防守安南。南诏军撤走，到冬季安南瘴害较轻，又发兵5万大军进攻安南，围困交趾。蔡袭连连向朝廷告急，朝廷屡次增派援兵，蔡袭仍然一退再退。十二月南诏攻城，双方伤亡惨重，战争激烈异常。到咸通四年二月，交趾城失守，蔡袭负伤溺海而死，部下四百人全部战死，交趾再次落入南诏人之手。六月，朝廷废除安南都护府，将行署设在行交州。七月，又在海门镇恢复安南都护府，任命宋戎为经略使，镇守安南。

段成式著《酉阳杂俎》

段成式（803～863），字柯古，临淄（今山东淄博）人，是唐代的小说家、骈文家。其父文昌，官至宰相。段成式以荫入官，为秘书省校书郎，提升至吉州刺史，最后任太常少卿。他与李商隐、温庭筠均善于以四六体写章奏等公文，他们三人排行都是第十六，时号"三十六体"。

段成式著名的作品就是笔记小说集《酉阳杂俎》。酉阳即是小酉山（今湖南沅陵），传说山下有藏书上千卷的石洞。此书名意为段成式以家藏秘籍之多及书内容之广泛与酉阳典故相比。

《酉阳杂俎》分两集，30卷，共36篇。所记的有仙佛鬼怪、人事、动植物、酒食、寺庙等，分类编录，既有志怪传奇，也有记载各地异域的珍异之物。此书记述的，或采缉旧闻逸事，或是自己杜撰。其中不少篇隐僻诡异，如《壶史》记道术，《贝编》记佛书，《尸穸》记丧葬，《诺皋记》记怪异。

书续集中有《寺塔记》2卷，详述长安诸佛寺的建筑、壁画等状况，保存了许多珍贵史料，为后代编长安史志及研究佛寺者所取。

高骈平安南

咸通七年（866），安南都护高骈大破南诏，收复交趾，平定安南。高骈升任安南节度使。

咸通五年（864），朝廷任命高骈为安南都护、本管经略招讨使，前往对付南诏。监军李维周嫉恨高骈，在准备不充分的情况下屡次催促高骈出兵南诏。于是高骈率5000人渡水进军，并约定李维周发兵接应。但李维周不仅按兵不动，还上奏称高骈胆怯不前，懿宗闻奏大怒，派右武卫将军王晏权代替高骈之职，并召高骈回京，想重贬他。正在这时，又传来高骈大破南诏，围攻交趾的消息，懿宗大喜，又将高骈官复原职。而高骈则因两次接旨耽误了攻打交趾的时机，使南诏兵逃走大半。攻下交趾后杀敌3万，南诏残军退回本国。十一月，唐朝在安南设静海军，任命高骈为安南节度使。又命令安南上邕州、西川诸军以防卫为主，抵御侵犯，但不得主动进攻南诏。

高骈虽然在安南打败南诏，但唐朝连年在此用兵，已无力再战，于是与南诏修好，两国约定和平共处，互不侵犯。

宣鉴禅师卒

咸通六年（865），德山宣鉴禅师圆寂，时年84岁。

宣鉴禅师，俗姓周，简州（今四川简阳）人。自幼出家，精研佛经。曾因宣讲金刚般若经而闻名，时称"周金刚"。他听到龙潭崇信法师提倡"直指人心，见性成佛"说，与他辩论后豁然顿悟，马上焚经弃疏而去，到澧州（今湖南澧县）德山居住了三十年。会昌五年（845），武帝废佛，焚经遣僧，宣鉴到深山石室避数年。大中初年返回德山。刺史薛延望创立德山精舍，请宣鉴前往主持。他在德山精舍大闹宗风，提出许多异端学说，常说："无

唐观音菩萨骑狮像

101

王朝暮年

唐胁侍、供养菩萨像

佛无祖""达摩是臊胡，释迦是屎橛"等不敬之辞。指教徒弟则动辄棍棒打骂，但众徒都信服他这种威猛的方式。宣鉴可谓古今佛界一奇人。

义玄禅师卒

咸通七年（866），临济义玄禅师圆寂。

义玄禅师俗姓邢，曹州人。他从小出家，壮游四方，曾师从黄檗希运禅师，深悟他的"即心是佛"说，继承他的学说并发扬光大。义玄后来住在真定（今河北正定）临济院，聚徒讲法，提倡"无佛可求，无法可得""佛法无用功处，只是平常无事，屙屎送尿，着衣吃饭，困来即眠"。以此论创临济宗，将修炼佛法看成是一件顺其自然、不必苦苦追求的事，对后世思想发展史有一定影响。义玄的弟子记下他的言论，撰成《临济录》，流传于世。

樊绰撰《蛮书》

咸通五年（864），学者樊绰对南诏进行研究，并参照前人文献，编撰《蛮书》，又称《云南志》，是最早研究云南各族历史的重要著作。咸通三年（862）二月，樊绰随安南经略使蔡袭赴任后，奉命深入南诏侦察虚实，得以广泛全面了解云南状况。南诏攻陷交趾、蔡袭战死后，樊绰任夔州都督府长史，访问了黔、泾、巴、夏四邑的少数民族情况。在实地调查的基础上，他又参考了前人有关著作，如袁滋《云

唐《树下人物图》。所绘女子长裙披帛，体态丰满，右手置胸前握帛，左手向前执帛一端，短裳束胸，全身朱色。面向左微侧，神态自然，身后一树，右侧一女侍，蓝衣麻线鞋。转首后顾。

103

南记》等，撰写十卷《蛮书》，又名《云南志》《云南史记》《南蛮书》等。

《蛮书》是现在仅存的唐人有关云南地区专著，是研究南诏和邻近各国历史的主要文献，史料价值极高。樊绰原书已经佚失，现存本是从《永乐大典》中辑出，中华书局和中国社会科学出版社都曾出版。

西州回鹘国创立

咸通七年（866），北庭回鹘仆固俊驱逐吐蕃，统一天山东部回鹘各部，创立西州回鹘王国，定都西州。

开成五年（840），位于蒙古高原的回鹘汗国，天灾人祸相继降临。将军句录莫贺对新上位的㕻駚可汗不满，引来北方的黠戛斯人，外攻内应，攻下回鹘都城，杀死可汗，漠北回鹘汗国灭亡。

回鹘部众在国亡后四散奔逃，大部分在庞特勤率领下来到天山东部，寻求新的立足点。这一地区原先就有部分回鹘势力存在，加上西迁的回鹘很快分散成几股势力，分别占据焉耆、北庭、伊州等地。经过一番争战，北庭出身的回鹘首领仆固俊，终于攻占北庭、西州、轮台、清镇等地，统一了此地回鹘。

从此，天山东部以西州、北庭为中心形成统一的回鹘政权，称为西州回鹘或高昌回鹘。

桂林戍兵起义

咸通九年（868）七月，桂林戍兵起兵反抗上司背信弃义的行为，推举庞勋为首领。兵变逐渐与民众结合演变为大起义。咸通十年（869）九月，庞勋率军攻入徐州，唐军合围，庞勋败死徐州，起义失败。

咸通四年（863）南诏攻占安南时，朝廷派驻800人戍守桂林，约定三年一换。到咸通九年七月，戍兵已驻守六年，多次要求替换。但观察使崔彦曾以军需空虚为由不许，还要戍兵再留一年。戍兵闻讯愤怒，都虞侯许佶和军校赵可立等杀死都将王仲甫，推举粮料判官庞勋为首领，率兵北还。沿途藩镇由于没有朝廷出兵救令，都严守自保，戍兵九月二十七日顺利抵达泗州（今江苏盱眙），距徐州二百多里。

这时，庞勋等人风闻朝廷已下密令，一旦他们进入徐州便要被尽数杀死，于是，庞勋、许佶决定武装对抗朝廷，死中求生。他们攻入徐州，囚禁崔彦曾，城中归附者有一万多人。朝廷派徐州行营都招讨使康承训率各道兵马和沙陀、吐谷浑等少数民族军队前来镇压。庞勋围攻泗州，大败唐朝救兵，隔断东南漕运。

十二月，朝廷派戴可师率军三万救援泗州，义军用计谋大胜唐军，又分兵大破沐阳、下蔡、乌江、巢县、滁州、和州（江苏、安徽一带），尽歼戴可师三万兵力，所向披靡，兵力增至二十万。庞勋自以为天下无敌，日渐骄奢，息兵游宴，等待朝廷赐旌封赏。

咸通十年（869）正月，康承训率大军围攻庞勋，并屡屡获胜。七月，唐军四面围剿义军，义军屡败。十月，庞勋进攻亳州，沙陀兵追击，庞勋战死。义军纷纷投降。

王玠雕《金刚般若波罗蜜经》

咸通九年（868）四月，王玠为父母双亲雕印的《金刚般若波罗蜜经》付印完成。这部《金刚经》雕本一直保存至今，成为现存最早有纪年的木版印刷品。

雕版印刷术在唐初已经发明，唐太宗时，高僧玄奘取经归来后曾印制大量普贤菩萨像广为散发。民间还大量印制佛经、日历、占卜书等。武宗时曾烧毁大量印本佛经，因此几乎没有印本流传下来。

现在人们所能见到的世界上最早有确切纪年的印刷品就是王玠雕于咸通九年的《金刚经》，它长16尺，呈卷子形，由7个印张黏接而成。扉页印有释迦牟尼佛向长老菩提说法图，以下是《金刚经》全文，最后题证"咸通九年四月十五日王玠为二亲敬造普施"。这卷经文雕刻精美、刀法纯熟，印刷墨色均匀，清晰鲜明，可见当时雕印术已达到很高水平。此卷本世纪初在敦煌发现，被斯坦因窃走，现保存在伦敦大英博物馆。

唐《金刚般若波罗蜜经》卷首图。这幅作品被公认为是世界上有准确纪年的最早一幅版画作品。

南诏犯成都

　　咸通十一年（870）二月，南诏大军围攻成都，节度使卢耽和援军共同奋战，终于击退南诏。

　　咸通七年（866）高骈大破南诏以来，唐与南诏约定互不侵犯，边境维持了短暂的和平。

　　咸通十年（869）十月，南诏废弃前约，大举进犯西川。十二月，先后攻占唐朝嘉、黎、雅等州。咸通十一年一月，西川人民听说南诏兵进犯，争相涌入成都城，一时成都城内人满为患。西川久无战事，军备废弛，城池工事不完备，将士也久不习武。节度使卢耽急召彭州刺史吴行鲁为代理参谋，又与前泸州刺史杨庆复一起作防守准备，修造兵器、完善防守器具，招募士卒，并选出三千名骠悍强壮的精兵称为"突将"。同时，一面派人赴急告急，要求增援，一面派使者到南诏议和以拖延时间，等待援兵。

一月五日，南诏兵攻下眉山，抵达新津；十一日，攻陷双流；廿日，抵达成都城下，开始攻城。这时援军万人已到汉州（今广汉），但定边节度使窦滂因兵败退到汉州，想使成都陷落以分担他失败的罪责，于是谎称南诏兵力是唐军的十倍，援军将领疑惑，不敢妄进。二月一日，南诏用云梯从四面攻成都城，城内唐军用沸油往下浇，攻城者全都烫死。唐军又派突将出战，烧毁南诏云梯等所有攻城器械，南诏猝不及防。不久东川节度使颜庆复率援军赶到，在成都北面大败南诏军。南诏几次反攻，正好唐右武卫上将军宋威率另一支援军赶到，再败南诏。南诏见援军渐增，急攻成都，又与唐军在城下再战，兵败撤退，成都城解围。颜庆复教蜀人修筑城墙、挖护城河，以免南诏再犯。

从此，南诏知道成都军备加强，不敢再来进犯。

《四时纂要》总结唐代农业技术

自《齐民要术》之后到隋末，大约有一个世纪时间，没有出现一本新农书。到了唐代后，农书的创作呈现出一派兴旺景象，整个唐代具有近40种左右的农书出现，这其中有些专业性农书。农书的增多，反映出农业生产的兴盛和普遍受到重视，专业性农书的出现，说明某些专业技术在这时期有了较大的进展。

《四时纂要》是唐末韩鄂撰写的。有关韩鄂，生卒年和身世不详，但可肯定，韩鄂家至少是中小田庄主，否则，他不可能"（遍）阅农书，搜杂识""撮诸家之术数"（《四时纂要序》）而编写出《四时纂要》。

《四时纂要》分四季十二个月，列举农家应做事项，是一部月令式的重要农书。书中资料大量采自《齐民要术》，少数则来自《氾胜之书》《四民月令》《山居要术》等，其中当然也有韩鄂自己的经验和体会。全书4.2万余字，共分为5卷，内容除去占候、祈禳、禁忌等外，可分为农业生产、农副产品加

工和制造、医药卫生、器物修造和保藏、商业经营、教育文化六大类，重点为前三类，即农业生产是本书的主体，包括农、林、牧、副、渔，而又表现出以粮食、蔬菜生产为主的多种经营传统特色。书中所记述的农业生产技术，较前代有明显进步的有果树嫁接、合接大葫芦、苜蓿和麦的混种，茶苗和枲麻、黍稷的套种以及种生葱、种葱和兽医方剂等。另外还有种茶树、种薯蓣、种菌子和养蜂等，则是最早的记载。农副产品的加工制造，记述丰富多样，特别是在酿造方面有不少创新，如最早介绍利用麦麸制造"麸豉"，打破以前制酱先制麦曲、然后下曲拌豆的分次作法，而把麦豆合并一起制成干酱醅，合两道程序为一道，又将咸豆豉的液汁加以煎熬，作灭菌处理后，贮藏以作调味品，实为现在的酱油。此外，药酒、果子酒、冲水调吃"干酒"的酿制，品种多而具有特色，对植物淀粉的提制，从谷物扩展到藕、莲、芡、荸荠、葛、百合、茯苓、泽泻、蕨藜等。

《四时纂要》的最大特点，也是最大缺点，即占候、择吉、禳镇等迷信内容占全书将近一半的篇幅，这与唐代佛教密宗、巫术和道教的流行有关。另外，本书文字摘录过简，有时含混不清，间有失原意之处，但去芜存精，仍不失为一部有相当实用价值的农书。北宋天禧四年（1020），它和《齐民要术》同时被推荐给朝廷刊印，颁发给各地劝农官，对指导当时的农业生产起了很大的作用。

唐朝

871~880A.D.

872A.D. 唐咸通十三年

八月，归义节度使张义潮死，长史曹义金代领军府，寻命为节度使。是后，回鹘陷甘州，声问遂绝。

873A.D. 唐咸通十四年

七月，帝病死，宦官刘行深等立普王俨为皇太子，太子即位，是为僖宗，改名儇。

874A.D. 唐咸通十五年　僖宗李儇乾符元年

濮州人王仙芝起义。

875A.D. 唐乾符二年

六月，王仙芝陷曹、濮败天平兵，冤句人黄巢起应之。

876A.D. 唐乾符三年

王仙芝等攻申、光、庐、寿等州至蕲州，刺史裴偓招降王仙芝，黄巢以官不及已，怒，仙芝不敢受命。

877A.D. 唐乾符四年

王仙芝陷鄂州，黄巢陷郓州，杀节度使薛崇。十一月，王仙芝遣尚君长请降，官军劫之，以擒获闻；十二月，君长被杀。黄巢陷匡城、濮州。

878A.D. 唐乾符五年

正月，王仙芝大败，走黄梅，二月又败，死。尚让帅余部归黄巢于亳推巢为主，号冲天大将军。

879A.D. 唐乾符六年

正月，黄巢屡败于高骈，部将多降，遂趋岭南。九月，陷广州，杀节度使李迢。逐杀外国人，景教灭绝。十月，巢弃广州而北，陷潭州，逼荆南，官军大焚掠江陵而遁。

880A.D. 唐广明元年

三月，宦官田令孜之兄陈敬瑄以赌第一，命为西川节度使。黄巢败高骈之兵，势复振。七月，黄巢渡江，高骈不敢阻，遣河南诸道兵防堵。黄巢至汝州，称天补大将军，旋入东都，十二月，黄巢入潼关，下华州。长安大震，田令孜拥帝奔成都。巢随入长安，称皇帝，国号齐。

871A.D.

英格兰阿尔弗里德大王立。

873A.D.

西班牙阿斯都里亚王阿尔封索三世大败摩尔人，一时将其界推进到至半岛南部瓜提阿那河以北。

109

高骈大破南诏

王朝暮年

高骈，乾符年间为天平节度使，后为四川节度使，874年在四川大渡河大败南诏兵，从此南诏不敢再侵犯成都。

乾符元年（874）十一月，南诏出兵入侵四川，过大渡河，不攻而降黎州，入邛崃关，攻雅州。唐朝廷调河东、山南西道、东川军队前往救援，又派天平节度使高骈入西川平定来犯南诏兵。乾符二年正月二日，高骈被授为西川节度使，率诸路军士到

南诏火漆印封。印面中部有梵文四行。

达剑州（今四川剑阁），先派人打开成都城门，由于时值春暖之际，拥挤在成都城内避难的几十万百姓如不分散极易发生流行性疾病。军队也需开城休整，补充供给。南诏兵当时正在围攻雅州，听说唐朝廷派高骈前往平定西川战乱，急忙派人向高骈求和，从雅州撤兵。高骈到了成都后，号令五千步骑追击南诏兵，在大渡河与南诏兵展开大战，大败南诏，杀死俘获大半南诏兵士，数十名酋长也被俘杀死，沉重地打击了南诏兵，解了西川之围。

其后，高骈下令在邛崃设关，在大渡河上建立防守城栅，在戎州马湖镇、沐源建筑城堡，又在南诏通往西川的各交通要道上派兵严加防守。877年，南诏王酋龙死，谥号景庄皇帝，其子立为皇帝，南诏派遣使者在岭南西道同唐朝议和，答应将邕州守军减除十分之七。此后南诏兵再也没有侵犯唐四川属地。

范摅撰《云溪友议》

　　范摅，吴人，客居在越地，生死年不详，自号五云溪人。安史之乱后唐朝经历了一段动荡不安的时期，范摅淡泊名利、深居简出，以著书撰文为业，咸通年间（860～873），著成《云溪友议》一书，共三卷。此书以诗话为主，内容主要记载了中唐时期以后发生的一些奇闻轶事，还有关于民间风情，社会状况方面的叙述，其来源既有当时的官方资料，也有从道听途说所得。《云溪友议》一书在当时产生了较大的影响，为文人雅士所竞相传阅，该书可以供研究古代文学、文学史及社会风俗者参考。也是现存范摅的唯一著作。

唐懿宗迎佛像

　　唐懿宗笃信佛教，在位期间，广修寺庙，崇奉僧侣。咸通十四年（873）三月二十九日，勃宗派遣官使多人到法门寺迎佛骨。朝中群臣力谏懿宗，以

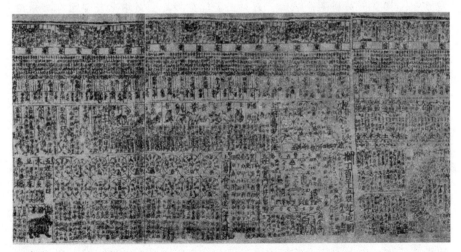

唐代历书。敦煌石室藏唐代历书，为唐乾符四年（877）历书，印刷本，残缺。上部为历书，历注。这是我国现存最早的印本历书之一。

111

劳民伤财及宪宗因迎佛骨而驾崩之由劝阻，未被懿宗采纳。懿宗声称能见到佛骨死而无憾，并下旨大造浮图、宝帐、香辇、幡花、幢盖，用金玉、锦绣、珠翠装饰。迎佛骨盛况空前，从法门寺到京城的三百里路上，人马车辆络绎不绝。四月八日，佛骨到达京城，受到隆重的接纳，由禁军兵仗仪卫队作先导，伴以官场及民间音乐，数十里用彩棚夹道，念佛诵经声震天动地。当时的皇帝祭祀天地祖先，还有元和迎佛骨的仪式仪仗盛况都无法和它相比。懿宗亲自到安福门向佛骨顶礼膜拜，按佛教仪式举行浩大繁杂的祭奉活动，各州及少数民族地区，还有外国使节都有多人参加。在京城的僧侣和曾亲眼见到元和迎佛骨盛况的老人都得到很丰厚的赐封。仪式进行完后懿宗下旨将佛骨迎入宫中，并于三天之后将佛骨移出安置在安国崇化寺。懿宗下旨从国银库中拨出大量金帛赐偿大小官吏，并下制赦免一大批中外囚犯。十二月八日，在举行了隆重的佛教仪式后，佛骨送回法门寺。

王仙芝黄巢起义转战天下

王仙芝，濮州人（今山东鄄城北）。乾符二年（875）在长垣（今河南）发动农民起义，黄巢率众响应，五月，王仙芝战死，黄巢率起义军在亳州建立了农民政权——大齐政权，自称冲天大将军。884年黄巢兵败身亡，起义历时九年之久，这是中国古代第一次高举"平均"旗号的农民起义。

875年春，王仙芝在长垣起义，自称"天补平均大将军"，攻克曹州、濮州。黄巢也起兵响应。义军挥师中原，逼近沂州、洛阳，唐朝廷大为恐慌，调各路军队镇压。二月黄巢与王仙芝攻下鄂州、郢州、复州和荆南罗城。二月王仙芝在黄梅兵败被杀。王仙芝余部由尚让率领与黄巢会合作战。

878年3月黄巢率军攻克亳州，众推黄巢为黄王，号冲天大将军，建立官制和农民政权。随后挥师北上，再次攻克濮州。朝廷调遣张自勉为东北面行营招讨使，率兵围剿义军。起义军在不利形势下往南转移，由滑州略宋、汴。唐军调集军队围攻。黄巢于是率军经淮南转往长江一带，在和州与宣州间横渡长江，攻占南陵，杀死唐将王涓。由于唐宣歙观察使王凝固守宣州，义军未能攻下，5~6月转攻润州（今江苏镇江）。唐朝廷派高骈为镇海节度使带兵镇压，黄巢主动撤出，南行攻打杭州。8月，攻入杭州城内，烧毁官府文书档案等，释放在押犯人，没收地主官吏财产，发布文告，开仓赈济百姓。9月，攻占越州（今浙江绍兴），唐浙东观察使崔璆逃走。唐廷派张璘阻遏，黄巢于是转战福建，开山路七百里入闽，破建州，12月攻占福州。乾符六年（879）六月，黄巢占领广州，俘获岭南东道节度使李迢。但因黄巢军中北方士兵在广州水土不服，很多人染瘴疫而死，部将劝黄巢北上以成大业。十月，黄巢率军从桂州出发北伐。

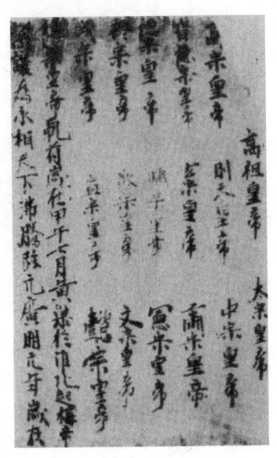

唐人所书黄巢记事墨迹

沙陀反唐

王朝暮年

乾符五年（878）五月，沙陀李国昌、李克用父子连兵反唐，杀死唐监军使。六月攻克忻州，十一月大败河东昭义军。唐朝派蔚朔节度使李琢击败沙陀李国昌、李克用父子，李国昌、李克用逃奔鞑靼部落。

乾符五年二月，代北发生饥荒，大同防御使段文楚克扣士兵粮衣引起部下不满，段文楚严刑酷法更引起兵士怨愤。云州沙陀兵马使李尽忠等人于是囚禁段文楚，请李克用及振武节度使起兵反唐。沙陀副兵使李克用将段文楚杀死，然后奏请唐廷任命他为大同防御使，未得到唐朝廷同意。唐廷改任李国昌为大同节度使，但由于李国昌父子掌握北方两镇的企图没有实现，李国昌撕毁任

唐代调鸟俑。三彩釉陶。

命书不接受大同节度使之职。五月，李国昌、李克用父子联合起兵反唐，攻克忻州，八月攻苛岚军。十二月，李克用又大败河东昭义援军，昭义节度使李钧战死。

广明元年（880）四月十四日，唐朝廷任命李琢为蔚朔节度使，招讨都统，讨伐沙陀叛军。六月，李琢率兵万人与卢龙镇兵、吐谷浑兵共讨李国昌父子。吐谷浑都督赫连铎说服克用部大将高文集率二千沙陀投降，沙陀酋长李友金等多人也投降唐军。七月，卢龙节度使李可举在药儿岭大破李克用，杀七千

余人，李尽忠战死，又在雄武军境内杀万余沙陀军，李国昌、李克用在主力丧失之后无力再战，部军溃败逃走投降无数。李国昌父子带领亲族及亲信数人逃入鞑靼部落中，沙陀反叛宣告失败。

《传奇》结集

　　《传奇》为晚唐传奇集中水平最高的一部。作者裴铏，咸通中任静海军节度使高骈幕下掌书记，《传奇》即为此时所作。

　　《传奇》多为神怪和爱情相结合的故事，情节新奇，幻想色彩浓厚，如《裴航》《薛昭》《孙恪》《昆仑奴》《张无颇》等，都是流传很广的名篇，常被后人改编成戏曲。书中文辞华丽，夹杂骈俪句，穿插诗歌，代表了晚唐传奇小说的艺术风格。

　　书中的人物，不论是江湖豪客还是闺中弱女，都是敢于与命运斗争的强者。如《昆仑奴》中的昆仑奴与歌女绡，《裴航》中的裴航，《孙恪》中的袁氏，《张无颇》中的公主，都是大胆反叛、大胆追求，一往情深的人物。

　　由于《传奇》一书代表了唐文言小说的艺术风格，故后来"传奇"一词由书名成为唐代文言小说的通称。

　　《传奇》所表现出的坚持爱情自由的理想，反对封建势力的压制等反抗思想，成为后来小说戏曲中反复歌颂的主题。而传奇中大量出现的惊奇情节、大胆想象以及对生活细节的刻画，对后世戏曲小说创作有极大的借鉴意义。

唐朝

881A.D. 唐广明二年　中和元年

四月，黄巢以大兵四合，率部东行；嗣知民兵不整，复归长安。

882A.D. 唐中和二年

九月，朱温叛黄巢降于王重荣，以为同华节度使，继赐名全忠。

883A.D. 唐中和三年

二月，沙陀李克用大败黄巢兵于梁田陂。四月，李克用等入长安，大掠，黄巢东走。五月，赐延州号保塞军。

884A.D. 唐中和四年

五月巢趋汴州，朱全忠告急，李克用追巢，数破之，巢走兖州。朱全忠图害李克用未成，自是结怨。感化节度使时溥遣兵追黄巢，巢至泰山狼虎谷，为其甥林言所杀。

885A.D. 唐中和五年　唐光启元年

秦宗权称皇帝。王重荣求援于李克用，克用与重荣合，败令孜之兵，进逼长安，令孜胁帝出奔兴元，诸道兵入城，大焚。

886A.D. 唐光启二年

八月，卢龙节度使李全忠死，其子李匡威为留后。十月，襄王煴即皇帝位，改元建贞，遥尊帝为太上元皇圣帝。襄王煴奔河中，为王重荣所杀。

887A.D. 唐光启三年

八月，朱全忠攻天平军，谋夺据之。十月，杨行密入杨州，自称淮南留后。

888A.D. 唐光启四年　文德元年

正月，以朱全忠为蔡州四面行营都统，讨秦宗权。懿宗病亟。宦官杨复恭立寿王杰为皇太弟，懿宗死，太弟即位，改名敏，后又改名晔，是为昭宗。十二月，蔡州将申业执秦宗权降于朱全忠，于是全忠兼有淮西。

889A.D. 唐昭宗李晔龙纪元年

三月，封朱全忠为东平郡王。钱镠取苏州。

884A.D.

法兰西王卡罗曼卒，法兰西贵族选举皇帝胖子查理继承其土地，查理曼所缔造之帝国至是又重归统一，但为时甚短。

888A.D.

法兰克帝国胖子查理卒。帝国又重新分裂。

黄巢攻入长安即帝位

　　唐朝末年王仙芝、黄巢领导的农民起义历时九年之久，转战大半个中国，沉重打击了唐朝的统治基础。881年黄巢率起义军攻入长安，黄巢在长安称帝，建立了大齐政权。882年起义失败，黄巢自杀。

　　唐懿宗时期，统治集团日趋腐败，苛捐杂税加重了人民的负担，社会矛盾空前激化，加之连年灾荒，农民纷纷逃亡起义。乾符二年（875）王仙芝在长垣发动起义，自称"天补平均大将军"，黄巢率众响应，五月，王仙芝在黄梅战死，其余部报奔黄巢。众推黄巢为黄王，号冲天大将军。黄巢挥师北上，攻克沂州、濮州，南下攻越州，又转战福建，乾符六年九月攻克广州，兵士达十万人。黄巢发布文告，痛斥唐朝统治者的腐败行径，号召贫苦农民起来推翻唐朝黑暗统治，百姓纷纷响应。乾符六年冬，黄巢再度率军北伐，自桂州出发，沿湘江北上，连攻下潭州等地，各地藩镇惶恐不安，不敢出战。十一月，起义军突破长江占领东都。接着又突破潼关唐军防线，又占领华州，黄巢命部将留守，自己率军直攻长安，唐僖宗带领少数嫔妃官吏在田令孜所

黄巢入长安图

率的 500 神策军的护拥下仓惶逃往成都。同日，黄巢军前锋将紫存进入长安。唐金吾大将军张直率文武百官迎接黄巢入长安。黄巢金装肩舆，率军浩浩荡荡地进入长安居民，又杀了留在长安的唐室遗族。

881 年 12 月 13 日，黄巢在长安称帝，国号大齐，改年号金统。启用唐四品以下官员，罢免三品以上唐官员，处死一批拒降的唐高级将领官员，没收地主财物。任命尚让为太尉兼中书令，赵璋兼待中，唐降将崔璆、杨希古为宰相，孟楷为左右仆射，但黄巢政权没有提出明确的经济纲领，没有抓生产建设，也没有乘胜追击唐朝的残余军队，给了敌人以喘息的机会，加上巢将朱温叛变。在陈州等几次战役中黄巢军连连失利。

江南地方武装蜂起

黄巢起义军占领长安，唐朝的统治已岌岌可危，江淮和江南的地方武装（土团）乘机蜂起。唐朝统治者由于战事较少，社会比较稳定，遏制了地方武装的发展。到了唐朝末年，农民起义军势如破竹，攻占了唐都长安，唐僖宗逃往成都，唐朝统治末日已经来临，于是各地地方武装乘机兴起，发展很快。中和元年（881）八月，寿州屠者王绪首先起兵，自称将军，攻占寿州（今安徽寿县）和光州（今河南潢州），与此同时，郯（今浙江鄞县）人钟季文也起兵攻占明州；永嘉人朱褒攻占温州，临海（今浙江临海东南）人杜雄攻占永州，遂昌（今浙江）人卢约攻占处州（今浙江丽水）。其中朱褒之兄朱诞原任本州通事官，兄弟皆因功摄司马。这些地方武装势力乘天下大乱时机割据一方。此外还有聚众千人保卫乡里的"杭州八都"；澧、郎二州的土豪雷满，均州武当的乡豪孙善等，史册上没有记录的更是不计其数。这些武装有的公然反叛朝廷，有的胁迫地方官吏或唐朝取得合法地位或官职，这些藩镇割据性质的地方武装的存在以后便成为五代十国产生的基础。

朱温降唐

朱温，即朱克用，初为黄巢起义军将领，中和二年（882）九月降唐，使起义军势力大减。

中和二年九月初，唐朝河中军三十艘粮船路经夏阳时被朱温军队所夺，唐廷遣河中节度使王重荣领三万军前往救援。朱温凿沉粮船，准备与唐军决一死战，同时请求黄巢发兵援救，但求援信几次都被左军使孟楷截住不报黄巢，而朱温军已被唐军包围。唐诸军行营都监杨复光派使向朱温招降，士人谢瞳也极力劝说朱温降唐。朱温见黄巢军队日益衰弱，大势已去，于是杀监军严实，与部将胡真、谢瞳一起以同州（今陕西大荔）降王重荣。朱温母姓王，与王重荣同姓，故朱温称王重荣为舅。唐朝廷授予朱温同华节度使，又授右金吾大将军、河中行营招讨副使，赐名全忠。朝廷派遣朱全忠讨伐黄巢起义军。

朱温降唐，极大地削弱了黄巢军的势力，动摇了军心。随后，驻守华州的黄巢部将李祥见王重荣优待朱温，也想效仿降唐，被黄巢发觉后杀死，黄巢任命其弟黄邺为华州刺史。

唐僖宗奔蜀

中和元年（881）正月，黄巢率起义军攻入长安即帝位，唐僖宗一行逃往成都。

剑南节度使陈敬瑄得知唐僖宗行踪，便派三千步骑前往迎驾。僖宗派高骈讨伐黄巢。三月诏授高骈为京城四面行营都统，又特传诏各道藩镇，允许对有功将以皇帝名义授官。在成都，僖宗千方百计加紧调集各路军队围剿起义军，当时成都物质充裕，各道和四边疆部落贡献很多，群臣追驾至成都者都得到了丰厚的赏赐，兵士都喜悦异常。

黄巢退出长安

黄巢在长安建立政权以后，唐廷派兵围攻。中和三年（883）四月八日李克用军大败黄巢，黄巢放弃长安。

为了抗击黄巢起义军，唐朝廷在代北监军陈景思的请求下赦免李国昌、李克用父子之罪，派遣李克用率沙陀军和鞑靼士兵四万人进攻起义军。李克用沙陀兵着黑衣，故称鸦军，勇猛异常，黄巢派人以重金贿赂李克用被李拒绝。中和三年正月，李克用将李存贞在沙苍大败黄巢之弟黄揆军队。唐廷任命李克用为东北面行营都统。李克用进军乾阮，联合河中、易定、忠武军在梁田陂与尚让率十万起义军展开激烈决战，结果尚让战败，死数万兵士，起义军从此元气大伤。齐将王播、黄揆出兵占领了华州，并向尚让救援。三月李克用在零口（距长安仅95里）又败尚让所率援军，占领华州，黄揆弃城逃走。李克用军占领长安以东几乎所有地方，又分兵进入渭北，准备进攻长安。

黄巢军连战连败，城中粮食短缺。黄巢派三万兵守蓝田，以备撤军之用。李克用联合忠武、河中、义成、义武等军进攻长安城，黄巢军与李克用军在渭桥展开激烈战斗，大败。李克用从光泰门进入长安城。黄巢无力抵挡，于是焚毁宫室放弃长安撤离到蓝田。四月黄巢率军从蓝田撤到高山途中，故意在路上遗留很多珍宝。唐追兵沿途争相拾取，行军速度很慢，于是农民起义军从容不迫地撤出了关中。

从长安撤离以后，黄巢转战河南，在蔡州击败秦宗权所率军队，

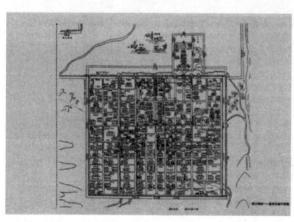

唐长安示意图

蔡州节度使秦宗权降巢。击降蔡州是黄巢撤出长安后的一个巨大胜利。随后起义军转攻陈州，在陈州城北建立宫室百司，又纵兵掠许、汝、唐、邓、孟等州补充军粮。中和三年三月朱全忠被授为东北面都招讨使，出兵攻黄巢以解陈州之围。

李克用助唐

沙陀李国昌、李克用父子因叛唐兵败，逃奔鞑靼部落。广明二年（881）三月唐朝廷赦免李克用罪并委任其为帅讨伐黄巢起义军。

881年黄巢起义军攻入长安，建立大齐政权，唐僖宗逃往成都，唐朝伺机反扑。二月，代北监军陈景思率沙陀酋长李友金及萨葛、安庆、吐谷浑诸部攻长安。绛州刺史沙陀人瞿稹与李友金在代北招募了三万多士兵，都是北方杂胡，犷悍骠横，瞿稹及陈景思无法统领。陈景思于是上书唐僖宗，请皇上赦免李国昌、李克用父子之罪，委任李克用为元帅以抗击黄巢军，统领沙陀兵士。中和元年（881）三月僖宗同意并派李友金赴鞑靼迎接李国昌、李克用父子。五月，李克用奉诏率兵五万讨伐起义军，在阳曲、榆次等地抢掠粮食财产，攻占忻、代两州，次年又攻占蔚州。又率兵四万前往河中。中和二年十一月，

李克用像

唐朝任命李克用为雁门节度使。李克用接受唐廷"击巢自赎"的条件，率三万五千沙陀兵赴河中参战。次年正月，李克用在沙苑大败黄巢之弟黄揆所率军队，旋即进军乾阬，并与河中、易定、忠武等军联合大败尚让所率十万军队，在梁田坡杀死起义军数万人。唐廷任命李克用为东北面行营都统。然后李克用围攻华州，在零大败尚让援军，三月占领华州，守将黄揆逃走。四月，李克用会合忠武、河中、羲成、义武军联合攻长安，在渭桥大战，击溃黄巢军，黄巢率部下焚宫室，弃长安撤到蓝田，李克用因破黄巢入长安有功被诏授为同平章事和河东节度使，李国昌为代北节度使。

李朱构怨

　　李克用，为沙陀首领，朱全忠，原名朱温，随黄巢起兵，后降唐，在围剿黄巢起义军中李朱立下赫赫战功，但两人都企图借机扩大自己的势力，互相攻讦，终于结怨。

　　李克用在王满渡大败黄巢军，迫使黄巢放弃汴州北上，李克用穷追不舍，中和四年（884）五月十一日，追到冤句（今山东曹县西北），李克用所率几百余沙陀骑兵由于昼夜兼行，人困马乏，于是就在汴州城外扎营休息。朱全忠为他设宴接风。酒宴中李克用言辞傲慢，引起朱全忠的不满。朱全忠怀恨在心企图报复李克用。当天晚上，朱全忠乘李大醉之机围攻李军，杀三百余人，监军陈景思也被杀，李克用登尉氏门逃出城。之后李克用欲发兵攻朱，被其妻劝止。李于是上奏朝廷请朝廷处置朱全忠。唐廷鉴于战事紧急下诏李朱和解。李克用只好率军还晋阳，操练军队，心中郁愤不平。这为以后李克用父子与朱全忠结下深仇埋下了种子。

黄巢兵败身亡

唐朝末年黄巢领导的农民起义军转战南北，建立了大齐政权，攻克唐都长安，但由于没有乘胜追击，给了敌人以喘息的机会，加上朱温降唐，与李克用所率沙陀兵一起抗击起义军，起义军连连受挫，882年黄巢退至狼虎谷时兵败自杀，起义以失败告终。

黄巢塑像

中和四年（884），起义军围陈州五百多日不克，于是退军故阳里，引兵西北攻汴州，朱全忠引兵回防，李克用率沙陀骑兵与忠武都监田从异所率许

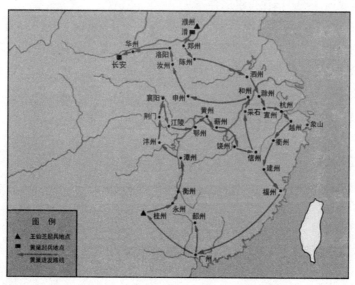

黄巢起义路线图

123

州兵北追起义军，在王满渡大败黄巢军，杀万余人，起义军主力大损。五月七日，宣武节度使朱全忠在汴州城南尉氏门外、繁台、瓦子寨又大败尚让所率大齐军，几万起义军战死。八日，尚让因兵败竟率万余人投降唐感化军节度使时溥。义军其他将领也率其残部（李谠、霍存、葛从周、张归霸、张归厚）投降朱全忠。黄巢众将叛离，兵力不济，只好放弃汴州北上。在封上又遭李克用沙陀骑兵攻击，大败，仅带一千多人逃往兖州。十五日在莱芜县北又被时溥所遣李师悦、陈景瑜追杀，所剩无几。黄巢带领少数几个亲眷随从逃到泰山狼虎谷，自刎身亡。黄巢外甥林言斩黄巢兄弟妻儿首级献给时溥，半路被沙陀军截杀，黄巢亲兵家眷姬妾都被杀或押至成都处死。历时达九年之久的唐末农民起义终于以失败为结局。但黄巢领导的农民起义严重动摇了唐朝的统治，唐朝因此迅速走上衰亡，最后被朱全忠取而代之。

诸军合攻田令孜

光启二年（886）正月，宁节度使朱玫、风节度使李昌符与王重荣、李克用合兵讨攻田令孜，田挟持僖宗奔兴元。

前一年王重荣因不满田令孜专制，拒绝去泰宁节度使上赴任，且上奏弹劾田，田令孜联络朱玫、李昌符军攻王重荣，王重荣与李克用联合反攻。在同州大败朱玫、李昌符军。十二月李、王联合进逼长安，田令孜挟僖宗逃出玉凤翔投李昌符。光启二年（886）正月，李克用军回还河东，与王重荣一起上表请僖宗返驾回宫，并列举宦官田令孜数条罪状，请求皇上诛杀祸首。田令孜逃到凤翔后，闻李、王军陈兵河中、河东，大为惊恐，力劝僖宗再奔兴元，僖宗不从，于是田令孜劫持唐僖宗逃到宝鸡，皇宫卫士只有百余人随驾，朝臣百官都来不及跟从。邠宁、凤翔军追到乘舆，田令孜又挟僖宗入散关赴兴元，命神策军抗击藩镇追兵。车驾进入散关时朱玫已将宝鸡围困。僖宗车驾由崎岖山路往兴元逃奔，险情迭起，到三月二十七日才到兴元。田令孜挟皇逃奔之举引起官兵愤慨。朱玫、李昌符耻为田所利用，反戈与李克用、王重荣合兵攻田令孜，俘获因病行动不便的肃宗玄孙襄王煴，带回凤翔，李克用还太原根据地。二月，王重荣、朱玫、李昌符再次奏请僖宗诛田令孜。僖宗下诏加王重荣应接粮料使一职，使调集本道 15 万斛粮供困用。王重荣上表称不诛田令孜则绝不奉诏。四月，朱玫据此为由逼凤翔百官奉襄王监军国事，在长安即帝立，年号建贞，朱玫独揽相权。

朱玫擅立

光启二年（886）十月，朱玫擅立的襄王熅即帝位，李昌符、王重荣、李克用群起攻之。

田令孜挟僖宗逃往兴元途中，由于肃宗玄孙襄王熅因病行动不便，被朱玫追兵俘获带回凤翔。二月，王重荣、朱玫、李昌符再次上表奏请僖宗诛田令孜，僖宗未同意，仅授加朱玫、王重荣等封位。四月，朱玫以田令孜在僖宗左右无法去除为由，逼凤翔百官奉襄王监军国事，朱玫自兼左右神策十军使，率领百官迎襄王还京师。十月，襄王在长安正式即帝位，年号建贞，遥尊李儇为太上元皇圣帝。朱玫自加侍中、诸道监铁、转运等使职，独揽相权。又大肆封拜官职，取悦地方藩镇，派遣使臣宣谕江、淮诸道，有十分之六七的官吏接受了任命。朱玫的立帝揽大权激起了王重荣、李昌符、李克用的愤怒，他们转而联合攻朱玫。朱玫派部将王行瑜率五万兵追僖宗，王行瑜屡战屡败，恐朱玫怪罪，于是擅自率兵回长安，杀朱玫及其党羽数百人。王重荣也杀新皇熅向僖宗告捷。

李克用被贬

李晔（昭宗），于大顺元年（890）五月下诏削李克用官爵，命宰相张浚等联兵征讨。

河东节度使李克用攻城掠地，西河诸镇与李交恶已久。三月，李克用兵攻云州防御使赫连铎，卢龙节度使李匡威以三万兵助赫连铎。战中，李克用失火将金安俊，自己返回。于是赫连铎、李匡威上表请讨伐李克用，朱全忠也请朝廷命大臣为统帅，率河北三镇及汴军共征河东。宰相张浚自比谢安、

THE CHINESE CIVILIZATION

裴度，以功名为己任，劝昭宗强兵以服天下，唐廷于是在京师招募了十万士兵。朱全忠等表至朝廷，昭宗命群臣集议，李克用夺城攻地引起百官疑惧。但李晔等认为李克用有兴复之功，不可乘危而讨。独孔纬认为不讨李克用以图安甫，是一时之机；反之，则为万世之利。五月，诏削李克用官爵，下令征讨李克用。以张浚为河东行营都招讨制置宣慰使，京兆尹孙揆为讨使；以朱全忠为南面招副使；李匡威为北面招讨使，赫连铎为副使。六月，张浚会宣武、镇国、静难、凤翔、保大、定难诸藩镇军于晋州，为河东将李嗣源击败，张浚率官军至汾州，镇国节度使韩建夜袭河东不利，静、凤翔之兵不战而走。十一月，张浚遁返，丧师殆尽。李克用占领晋、绛二州，上表向朝廷讼冤，朝廷震恐。

朱全忠击败秦宗权占据中原

光启三年（887）五月，朱全忠合四镇兵攻秦宗权于边孝村，大破其军，秦宗权势力从此衰微。

秦宗权本为忠武节度使薛能手下的牙将。广明元年藉口许州叛乱，选募蔡州士兵驱逐刺史，占据蔡州。不久后薛能被周岌驱逐。十一月，唐朝廷任命周岌为忠武节度使，秦宗权为蔡州刺史。中和元年（881）五月，秦宗权率牙兵随监军杨复光一起攻打黄巢起义军，被诏授为奉国军节度使。中和三年，起义军退出关中转入河南后，秦宗权派兵攻打失败，遂降起义军，与黄巢合攻陈州。黄巢败死后，秦宗权势力日

晚唐敦煌《近侍女》。侍女立菩提树下，头梳双垂髻，面颊丰圆，身穿圆领缺袴长衫，腰系软带；左手握杖，右手托长巾，神情宁静。是晚唐的优秀人物画。

益膨胀。十二月秦宗权命所属将领分别率军侵掠邻道：陈彦侵淮南；秦贤侵江南；秦诰占据襄、唐、邓；孙儒攻占东都洛阳及孟、陕、虢等州；张晊攻占汝、郑；卢瑭攻汴、宋。所到之处，烧杀抢掠，残忍无比。甚至因缺乏军粮而杀人为食，致使"西至关内，东极青齐，南出江淮，北至卫滑，人烟断绝，尸浮于野"。

光启元年（885）三月，秦宗权称帝，设置百官。唐朝廷命武宁节度使时溥为蔡州四面行营兵马都统，讨伐秦宗权。六月，秦宗权部下攻破东都洛阳，并先后攻下20余州，唯独与朱全忠联姻的赵犨所守陆州不能下。秦宗权恨朱全忠援助陈州，于是五月发兵全力攻汴州。四月朱全忠率军攻秦贤，连克四寨。秦宗权亲自率亲兵救援，朱全忠见兵力不足，求救于兖、郓，朱瑄、朱瑾等都率兵前往救援，还有义成军也前往助朱全忠。朱全忠联合四镇兵在边孝村击败秦宗权。秦宗权逃匿，他所占据的东都、河阳、许、汝、怀、郑、虢等地守将逃奔其他地方，朱全忠派军占据秦宗权的原据地。

皮日休主张无神论

皮日休（约834～约883），字逸少，后改为袭美，湖北襄阳（今湖北襄樊市）人。出身寒门，早年隐居鹿门山读书，故又称鹿门子。唐懿宗咸通八年（867）中进士，曾任太常博士。他是唐末一位著名的文学家，有《皮子文薮》十卷传世，并有少量作品见于《全唐文》。他还是一位杰出的思想家，特别是他的无神论与政治思想颇为进步，可以说超拔于其时代。

东汉的王充持一元论，认为"气"是天地万物的本原。皮日休继承了这一哲学观点。他说气是世界的根源，由它生发出万事万物，最初的气，有清有浊。浊气结而成山，清气聚而为岳。这种唯物主义的世界观就使皮日休勇于批驳当时的神学迷信，表现出无神论。他在《惑雷刑》中讲叙了一个叫逢氏的人的事。逢氏为人奸滑，借用他人的牛昼夜驱使不息，后来被雷击死。于是有人认为这是"天"对逢氏的惩罚。皮日休则以燕赵一带的无赖少年，常偷杀、买卖别人的牛却未遭雷击的事实予以反驳，认为"天"并不主赏罚，逢氏之死与"天"无关系。

127

唐十二生肖俑。战国时期的术数家用十二种动物形象和地支相配，到东汉定型为子鼠、丑牛、寅虎、卯兔、辰龙、巳蛇、午马、未羊、申猴、酉鸡、戌犬、亥猪，称为十二属像。东汉元和二年（85）正式通行干支纪年，世人遂用属像命年，并把出生年的属像作为自己的生肖，故又叫十二生肖。其中除龙外，均为常见的动物形象。唐墓中的生肖俑一般作为厌胜避邪之用。

晚唐男女立俑。二俑皆用独木刻成。男俑戴高冠，着宽袖长袍，双手拱于胸前，为老年官吏形象。女俑头梳高髻，着圆领宽袖长袍。二俑寥寥数刀刻成，技法简括老练。这类木俑不见于中原两京地区，似为南方地区所特有。

皮日休还否定了相命术数的迷信，揭露它为一些贪财妄诞之人借以获取金钱的骗术。他运用逻辑意义的矛盾律来进行有力且具讽刺性的批驳。比如他说，人是天地万物的精灵，最为尊贵，可相术中说尊贵显赫的人象龙、似凤、或似牛似马，以象某类禽兽而感到富贵，显然是荒谬的。

皮日休的政治思想表现得最为进步。他否定君权神授的封建专制论，以民为本为贵，以利民、厚生为出发点去审视"圣人"或"君王"的好坏。他在《原宝》一文中，严厉批判封建统治者们重金玉之宝、轻粟帛之道的行为与思想，指出没有粟帛就没有诸侯与人民，

晚唐敦煌《弥勒经变局部·嫁娶》。图中有新婚夫妇和伴娘伴郎，帷屏前置一面三角架大镜，地毯上摆满了丝织物的箧箱，毯外一对表示吉祥的雁。这是直接取材于当时世俗婚礼的实况，是珍贵的社会生活资料。

这说明他把人民的生活置于重要地位，具有可贵的"民本"思想。在《鹿门隐书》中，皮日休把官吏斥为盗贼；在《原谤》一文中，充分肯定了处于压迫与剥削中的苦人民揭竿而起推翻封建最高统治者行为的必要性与合理性。这种叛逆思想，为以往所罕见。皮日休后来加入了农民起义军的行列，在现实的政治斗争中具体地实践了他的"知"。

129

王朝暮年

四川蒲江飞仙阁第九号弥勒佛窟石壁唐代佛造像

王建据蜀中

中和四年（884）王建遥领壁州刺史，大顺元年（890）攻取西川卅县，破陈敬瑄。

王建自脱离鹿晏弘投奔朝廷后被田令孜收为养子，为神策军将。光启二年僖宗逃往兴元时王建率神策军五百为先锋。僖宗遣王建率部兵戍三泉（今四川广元北，唐属利州），以王建遥领壁州史，开将帅遥领州镇的先例。后来王建又领利州刺史，逐阆州刺史杨戎实，自称防御史，又招兵买马，扩充实力，节度使杨守亮更不能节制，东川节度使顾彦朗畏惧王建，赠送军粮并遣使问遗，王建兵锋于是暂不指向东川，而是先窥西川。大顺元年，王建攻邛州，陈敬瑄遣杨儒赴援，杨儒见王兵盛，不战而降。二十四日，简州留将杜有迁执刺史员虔嵩降王建。王建领兵与韦昭宗一起国攻成都。六月，谢承恩降建，谢从本杀雅州刺史，举城降建。成都城内因陈敬瑄搜刮民财，居民民不聊生。邛州刺史毛湘因援兵未到，举城投王建。十月一日，王建攻破成都，守将李行周举城投降。

唐朝

891~900A.D.

891A.D.唐大顺二年

正月，罗弘信请和于朱全忠。八月，王建入成都，陈敬瑄迎之，建自为西川留后，寻以为节度使；废永平军。

893A.D.唐景福二年

朱瑾救时溥，朱全忠大败之。

894A.D.唐乾宁元年

三月，李克用下邢州，囚李存孝，车裂之。六月，李克用破吐谷浑部，杀赫连铎。李克用大举攻幽州，拔武、新、妫等州，十二月入幽州。

895A.D.唐乾宁二年

六月，李克用以讨李茂贞等为名，大举进兵，长安大乱，七月，帝出奔南山。

896A.D.唐乾宁三年

五月，钱镠围越州，董昌去帝号，复称节度使。七月，李茂贞攻长安，帝出奔，为韩建强迫至华州，茂贞入长安，大焚掠。

897A.D.唐乾宁四年

正月，韩建围行宫，胁帝罢诸王兵柄，继幽诸王。韩建杀十一王，诬以谋反。九月，以李茂贞反复，削夺官爵，复姓名宋文通，讨之。朱全忠大举攻杨行密，大败。

900A.D.唐光化三年

四月，朱全忠大发兵攻刘仁恭。五月拔德州，围沧州。朱全忠遣将攻义武，拔祁州，攻定州，节度使王郜奔李克用，军中准郜叔处直为留后，与全忠和。由是河北多服于全忠。十一月，宦官刘季述囚帝，矫诏令太子嗣位，以帝为太上皇。

896A.D.

居住于南俄平原之匈牙利人在其酋长阿巴德统率下西迁，进入东南欧多瑙河东泰斯河中游流域一带。

英格兰阿尔弗烈德用快速帆船建立舰队，大败诺曼人于海上，诺曼人之劫掠行动结束。

898A.D.

对圣徒及圣徒遗物之崇拜，约自此时大盛。

900A.D.

摩尔王国之科多巴大学约在此时创立，藏书数十万册，为当时西欧文化中心，基督教诸国学生亦纷纷来此就学。

朱杨合攻孙儒

唐代花鸟纹锦

大顺二年（891）七月，朱全忠、杨行密合击淮南节度使孙儒，孙军兵势强盛，但他自以为是，烧杀抢掠，扬州百姓怨愤很大，民心尽失。

孙儒本河南人，早年为忠武军校。文德元年破扬州后自任为淮南节度使，与杨行密争杨州。大顺二年（891）正月，孙儒得润州后乘胜率军渡江南下，与杨行密之将田郡、安仁义战，大败田、安。孙儒将李从立又进军宣州东溪，杨行密措手不及，只好以五百人扎在宛溪以西并来回走动，李从立疑为杨大军至，不敢攻战，退去。杨行密则派都指挥使李神福诱孙儒军深入，在溧水趁儒军松懈不备时夜袭，杀儒军千余人。四月，杨行密派刘威三万兵士在黄池作战，大败。孙儒驻军黄池，遣康暄驻和州，安景思驻滁州，孙因大水冲没行营而还扬州。杨行密将李神福攻和、滁，康暄降杨，安景思弃城逃走。

七月，朱全忠派使与杨行密商约合攻孙儒，孙儒自恃兵强，打算先取杨行密后取朱全忠。孙告知各藩镇，列举杨、朱之罪，并扬言除杨、朱后，将引兵入朝平定君主身边的乱臣。孙亲自带兵在宣州大败杨行密，又分兵占和、滁两州。接着派兵焚烧扬州，驱散城中壮丁妇女使其渡江，杀老弱以充食，由此扬州居民仇恨孙儒而心归杨行密，孙虽在宣州取胜，但因民心大失，扬州城已据守。次年六月，杨行密破孙儒大营，孙儒被斩首。

133

王建入成都

大顺二年（891）八月，王建在与陈敬瑄三年数百次交战之后终于大败陈，进入成都，陈敬瑄被迫向王建投降。

陈敬瑄与田令孜为胞兄弟，中和元年迎僖宗进蜀，陈时为西川节度使，田令孜也奔成都自为西川节度使。僖宗死后，昭宗立。田令孜得罪昭宗，昭宗于是将陈敬瑄、田令孜爵位官职革除。陈敬瑄拒绝接受昭宗移镇之命，死守成都。

而王建早有图成都的野心，昭宗即位以来，王建兵

唐代铜镜。铜镜在古代是官吏自鉴自律的象征物，也是一种为官清廉、秉公执法的标榜。后世在许多墓葬中都发现了铜镜这一特别的随葬品。

势日益强盛，在成都与陈敬瑄大战三年。大顺二年（891）三月，朝廷恢复陈敬瑄官爵，仍领西川节度使之职。但王建对成都早怀企图，此时拒诏不收兵。八月，王建重兵攻城，环城烽焰五十里，声势浩大。狗屠王鹞由于原来得罪王建，此时自告奋勇助王建攻城。他入城中游说，使城中人心分离。他对田令孜、陈敬瑄说，王建兵疲弱不堪，又缺乏粮食，无力再继续攻城，准备撤退。又对城里的百姓兵士说，王建作战勇猛，百战百胜，兵力强盛，攻下成都指日可待，使兵士百姓惶恐惊惧，人心浮动。

王建派人到城内探听虚实，得知王鹞游说奏效。于是派重兵攻城，一时呐喊声震天，城中百姓惶惶不安，如临末日，陈敬瑄所率兵士已丧失战斗力，连连失败。此时王建已占领了成都周围州县，成都孤立无援，弹乏粮缺。勉

唐狮纹银盘。盘内底锤出一尊坐状狮子，神态威猛。狮周围錾刻
六组折枝团花，腹壁刻一周花瓣纹，盘沿锤出六组花卉，亦用阴
线刻饰细部。纹饰部位鎏金。

强支撑坚守几天之后，田令孜登城与王建对话，希望能以旧情打动王建而对其网开一面。王建称他受朝廷之命攻成都，并要田令孜悔悟。当天晚上，田令孜亲自到王建营中，将西川节度使印章交给王建。第二天，陈敬瑄开城门迎接王建率兵入城，并将蜀帅之职让与王建。王建于是入主成都。陈敬瑄从广明元年镇宗西川至此而终。

唐代天龙山西峰第九窟弥勒大像

王建自称留后，上表朝廷。又将田令孜、陈敬瑄兄弟二人囚禁于新津，并屡次奏请皇廷杀陈、田兄弟，没有得到同意。景福二年（893）四月，王建派人告陈敬瑄谋反，在新津将陈杀死。又告田令孜潜通凤翔将其捕入狱中致死，然后上奏朝廷。

王朝暮年

唐代天龙山菩萨头像。
此菩萨头像，浑圆丰
腴。顶束发，高髻，
花冠珠饰。双眉曲线
美丽，眼睛半启半闭，
鼻直而端正，小嘴紧
抿。系典型的唐代作
品。

唐代天龙山金刚力士头
像。这尊力士头像，张
口露齿，鼓目瞋视，充
分表现了力士身上散发
出的高度警觉性和充沛
活力。

朱全忠克徐州

景福二年（893）四月朱全忠攻克徐州，守将时溥举族自焚而亡，朱全忠又占领一镇。

二月，诏授时溥为侍中、感化节度使，驻徐州。朱全忠奏请追杀时溥任命没有成功。时溥，徐州彭城人，妫州牙将，因平定农民起义军时斩黄巢传首京师而居破巢第一功。诏授官检校司徒、太尉等职，讨平秦宗权乱兵后因争功与朱全忠结下怨隙，景福元年十一月，朱全忠派其子朱友裕带几万兵围攻徐州。时溥向朱瑾求援，朱瑾派2万兵相助，但被朱全忠将霍存与朱友裕击败朱瑾，朱瑾逃回兖州。徐州守军出城败霍存并斩之。四月，朱全忠亲自带兵驻徐州城外，遣庞师古为先锋攻城，时溥无力还击，庞军先攻克彭城，然后再攻徐州。时溥军内外受困，既乏军粮，又无外援，时溥知大势已去，无力自存，

唐郧县庸调麻布

于是裹金玉携妻子儿女，登燕子楼，举族自焚而死。朱全忠占领徐州城，又吞并了一镇。

杨行密劝课农桑

景福元年（892）八月杨行密任淮南节度使之后，开始在所辖地域招抚流散、劝课农桑。几年之后百姓和官府收入获得了很大提高，公私富庶。

唐朝中叶以来，淮南扬州等地富庶甲天下，时人称扬一、益二。但于孙儒、杨行密之间数年的战争，使扬州等地农业和手工业都遭到极大的破坏。破孙儒以后，杨行密感到必须发展农业生产，恢复扬州的繁华景象，开始试图用茶、盐易百姓的布帛，掌书记进言，战乱之后百姓亦家室空乏，不易盘剥，应大

力发展农桑以解决衣帛所需。于是杨行密令百姓勤于稼穑。由于杨治政有方，令下则行，收效很大。经过几年的招抚，扬州官府衣帛储藏甚丰，淮南各地公、私富庶。

裴庭裕撰《东观奏记》

景福元年（892），裴庭裕撰成《东观奏记》。

裴庭裕，生卒年不详，字膺余，闻喜人（今山西）。乾宁（894~898）在内廷供奉，文笔敏捷，号"下水船"，受到当时文人的推崇。裴庭裕官至右补阙，从宣宗时始做了四十年的官。由于唐朝后期战争频繁，内廷所著的各种文史资料如《起居注》大部分散失不全。为了补这一缺陷，裴裕庭决定根据自己的亲身经历所见所闻作书，即为《东观奏记》。虽然这是一本野史笔记，但史料价值很高，为后人研究唐朝历史特别是唐宫内幕提供了极其宝贵的参考资料。宋代司马光著《资治通鉴》时，就从中采用了很多材料记载。

唐高昌县授田文薄

王氏据闽

景福元年（892）二月王潮击败福州守将范晖，占据福建，十月诏授王潮为福建观察使。

福州守将范晖因骄横奢侈，不得人心。二月，泉州刺史王潮派其弟王彦复为都统、弟王审知为都监兵攻福州，附近民众纷纷响应起来相助。五月，范晖向威胜节度使董昌求救。董昌发兵五千赴援，但在王潮军猛烈攻击下，加之城内粮草供应缺乏，范晖只好弃城逃走，援兵返浙。二月王彦复等入福州，范晖被将士所杀。王潮在福州自称留后，汀、建二州降王潮。王潮又安抚当地居民，劝课农桑、统定租税，与邻道和好，保卫境内安宁，如此，王潮所据七闽转为安定。

颁发景福崇玄历

景福元年（892）十二月，太子少詹事边冈造成新历，获奏准，命曰景福崇玄历，开始颁行。

在此之前，唐朝一直诏用穆宗时（821）百官修订的"长庆宣明历"，到景福年间，该历由于使用时间过长数据等逐渐不适用，使用也不方便。在这种情况下，李晔（昭宗）诏太子少詹事边冈与司天少监胡秀林、均州司马王墀一起负责修订新历，实际修订者为边冈一人。边冈当时被称为处士，有神机妙算之能，乘除之术运用自如。

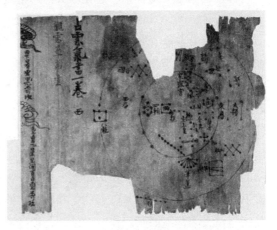

敦煌紫微垣星图。敦煌紫微垣星图，此卷出于敦煌石室。编年为唐开元以后，抄写时代约在晚唐或五代时期（约公元十世纪上半叶）。图中的星分别用黑、红两色画出。在我国古人眼里，天上好比人间，尊卑有序，这就产生了颇具东方色彩的"三垣"。三垣是以北极星为中心将星天划为三大块，即紫微垣为天帝的宫殿，太微垣为天宫政府官邸，天市垣为天帝率诸侯所幸都市。

十二月，新历修成，授与李晔，诏命之为"景福崇玄历"，共40卷。该历的修纂运用了超径、等接之术。其中气朔、发敛、盈缩、定朔、弦望等内容都依据"大衍历"而撰，其余不同者也与"大衍历"殊途同归。"景福新历"在"大衍历"基础上撰成，较之更为精确、实用。

董昌称帝

乾宁二年（895）二月，义胜节度使董昌求授越王不成，遂起兵叛唐，在杭州称帝，国号大越罗平，建元顺天。诏遣钱镠出兵讨董昌，次年五月钱镠大败董昌并斩之。

董昌原为石镜镇将，后率兵攻杭州刺史，据杭州后自领州事，兵势力强，朝廷不得已加封为州刺史、义胜节度使。董昌对老百姓盘剥苛政，当时天下财力微弱，租税以缴交。而董昌却能每几天遣使一次将所收租税呈交中央，数额也超出平常所定之数，对无法缴交的百姓一律斩之。朝廷以董昌效忠之功而封为检校太尉，同中书门下平章事。但董昌并不满足，他奏请朝廷授予越王称号，未得。于是董昌大为不满。乾宁二年（895），董昌连杀三名不服从的将士，二月在杭州披冕即帝国，国号"大越罗平"，改元"顺天"，令群下称之为"圣人"，并以书信告知钱镠，钱镠劝他收回称帝野心，谓"与其闭门作天子，不如开门作节度使"，董昌不听。钱镠陈兵三万于越州城下兵谏，董昌被迫交出首谋者吴瑶及巫觋数人，并请待罪天子。钱镠于是向朝廷奏请加董昌之罪，朝廷诏释其罪纵归田里。钱镠本有吞并董昌之心，于是上奏称董昌僭道罪不可赦，请以本道兵讨之。而杨行密则企图以董昌制衡钱镠，因此派人向钱镠为董昌开脱。五月，朝廷诏削去董昌官爵。六月，以钱镠为浙东招讨使发兵击董昌，董昌向朱全忠求救。钱镠兵至越州城下，大败董昌并将越州围困。董昌恐惧之下出城请罪，去帝号复称节度使。镠兵猛攻越州，将董昌骗出城外斩杀。董昌称帝遂告终。

李克用进兵长安

乾宁二年（895）七月，河东李克用奉诏举兵攻长安，征讨王行瑜、韩建、李茂贞，驱逐三帅犯阙之兵，李晔（昭宗）得以还驾京师。

景福二年，王行瑜求尚书令之职获准不成，开始对朝廷不满，于乾宁二年联合韩建、李茂贞各率精兵攻河中，后又联合攻长安，请昭宗诛韦昭度、李溪。当日王行瑜将韦昭度、李溪杀死，还杀了枢密使康尚弼及数名宦官。三帅图谋废昭宗立吉王保。乾宁二年六月李克用以讨三镇勤王为名大举进兵关中，王、李、韩惶恐不安，各自还镇。李克用军在绛州杀王瑶，七月到河中，王珂在路上迎接。之后又击败王行约夺占了同州（今陕西大荔）。四日至长安。王行瑜、李茂贞想劫持圣驾，昭宗诏谕李克用征讨王行瑜。于是李克用率兵破华州韩建军，又转战渭桥进兵王行瑜。李茂贞上表请罪，昭宗赦免李茂贞，并授李克用为邠宁四面行营都招讨使讨伐王行瑜。李克用派人护送昭宗还长安。十月，李克用在梨园寨大败王行瑜军。王遣使请降。李随后攻破邠州，王行瑜逃走，途中被部下所杀。十二月，诏授李克用为晋王，子孙并进官爵。李克用本想再攻凤翔，而昭宗恐李茂贞覆灭沙陀兵势力过于强大，威胁朝廷，于是命李克用与李茂贞和解。李克用带兵东归。

李茂贞犯长安

　　乾宁三年（896）七月，李茂贞再度进兵长安，大肆烧杀劫掠，长安宫室成一片废墟。

　　李克用率兵征讨王、韩、李三帅之后，李茂贞恐惧之下遣使求和请罪，李克用本欲继续追击李茂贞部，而唐朝廷认为三帅兵征诛殆尽后则李克用所率沙陀兵势力必强盛而威胁朝廷安全，于是诏李克用与李茂贞和解，李茂贞仍为凤翔节度使。

　　李茂贞本名宋文通，出身于将军之家。唐僖宗时因平乱护驾有功而被封为凤翔节度使，加检校太尉，兼侍中，进爵陇西郡王。后来李茂贞看到朝廷混乱，开始萌生反叛之意。五月，昭宗授李茂贞为东川节度使。为了稳固京师，朝廷在神策军两军基础上又设置了安圣、保宁数万军士，并令诸王典兵。李茂贞疑为朝廷欲讨自己，于是扬言要入京师讼冤请罪。七月，率兵进逼京师，唐昭宗逃奔至渭北，又被韩建劫持到华州。李茂贞打败守卫京师的几万军士，守兵纷纷逃往山谷各地。李军于是进入长安，大肆烧毁宫室，抢掠财物。京师长安自黄巢起义之后几经焚毁又数次修复的宫室、市肆又被李茂贞乱兵焚

毁一尽，长安城成为一片废墟，被韩建劫持到华州的昭宗受韩胁迫，遣散亲兵，而诸王也被韩建幽禁。

朱朴宣称一月可平天下

乾宁三年（896）七月，国子监"毛诗"博士朱朴，受何迎表荐，获得大唐宰相之位。

时唐昭宗愤天下战乱频繁，思奇杰之才以作匡辅，水部郎中何迎向昭宗推荐朱朴，说他才如谢安。经常出入宫室的道士许严士因与朱朴交情甚厚，也在昭宗面前极力捧朱，说他有济世之才。昭宗于是诏请朱朴入宫，与之问对，朱朴能言善辩，言"我若作宰相，月余可使天下平"，正中昭宗之意，于是昭宗命朱朴为左谏议大夫，同平章事。朱朴为襄州襄阳人，早年以三史科举为京兆府司录事参军，后又升为国子监"毛诗博士"，他为人庸俗鄙陋，迂腐孤僻，并没有什么特长，由他担任宰相之职，天下人传为奇闻。

韩建胁帝散亲兵

乾宁四年（897）正月，韩建胁迫昭宗解散亲兵，又将诸王幽禁，后诬诸王谋反而将十一王杀死。

乾宁三年，李茂贞兵犯长安，唐昭宗仓惶逃往渭北，被韩建劫持到华州。由于镇军屡犯京师，朝廷日益孤弱，昭宗曾于乾宁二年选数万亲兵，由诸王掌握，以保卫京师和朝廷。韩建企图挟天子以令诸侯，而对诸王领亲兵尤为忌愤。四年正月，韩建借口睦、济等八王欲加害自己而将昭宗

晚唐黑人俑。唐代和西方诸国关系甚密，辗转来华的非洲黑人不少。唐代豪富之家有蓄黑人为奴者，作黑人俑陪葬或有夸耀豪富之意。西安一带唐墓中时有黑人俑出土。二俑皆卷发厚唇，肤色深褐，突出刻画了黑人的形貌特征。

劫持到河中，李晔惊恐，召韩建议八王之事，韩建拒不见。接着韩建包围皇帝行宫，胁迫昭宗答许他的奏请，将诸王率领亲兵之权罢免，请诸王各自归家。李晔不得已只好当晚下诏解散亲兵，诸王也各归原宅，由韩建掌握甲兵，韩建又奏请昭宗遣散去年所置安圣、捧辰、保宁、宣化殿后四军二万余人。至此朝廷亲兵全部散尽。韩建将捧日都头李筠斩杀，又将诸王囚禁起来。后又诬诸王谋反，矫诏发兵包围并杀死十一王。

杨行密败朱全忠

乾宁四年（897）九月，朱全忠大举进攻杨行密。十一月，双方在清口决战，朱全忠大败而归。

年初，宣义军节度使、河东东面行营招讨使朱全忠攻陷山东郓、兖二州，郓州节度使朱瑄被俘杀，兖州节度使朱瑾报奔杨行密。淮南节度使杨行密所率淮南兵只善于水战，但不懂骑射，朱瑾所率之兖、郓、河东骑兵

《商人遇盗图》。出自敦煌第45窟壁画，是"观音经普门品"变相图的一部分。图中持矛着汉服者为强盗，戴胡帽者为商人。本图反映了唐代与西域通商路上的艰难险阻。

的来奔使军势大振。四月，诏以杜洪绝东南贡献路而都杨行密讨之，杜洪向朱全忠求救。朱全忠于九月大举进攻滩南，遣庞师古率七万兵屯清口以攻扬州，葛从周屯安丰以攻寿州，朱自己坐镇宿州。淮南震恐。杨行密与朱瑾率三万兵迎战。

十一月，朱瑾偷袭清口，又引淮水淹汴军，庞师古措手不及，大败。杨行密与朱瑾两面夹击，斩万余汴军将士。淮南将朱延寿又大破葛从周军迫使汴兵北逃。杨行密、朱瑾、朱延寿合兵追击，在渭水斩杀汴军无数，从周仓惶只身逃命，朱全忠闻败只好奔还。杨稳据江淮之间。

王朝暮年

崔胤谋除宦官

　　昭宗素疾宦官枢密使宋道弼、景务修专横朝政，与崔胤共谋铲除，在各藩镇援助下流宋道弼，景务修被赐自尽，从此崔胤专制朝政。

　　宦官得知昭宗与崔胤密谋除去宋、景后，与朝臣如同水火不相容，纷纷勾结各地藩镇相互倾夺。同平章事王博担心引起内乱，上奏朝廷革除宦官之事宜缓。而崔胤则以此诬告王博欲与宦官合谋犯上，崔胤还勾结朱全忠作为外援。昭宗虽然知道崔、朱合谋，但迫于朱的兵势，只得将王博相位罢免，贬为工部侍郎，后又贬为崔州司户。又将宋道弼监军荆南、景务修监

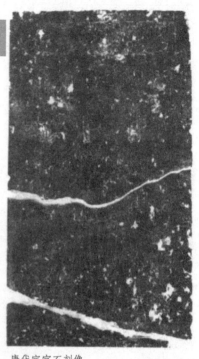

唐代宦官石刻像

军青州。后来又将宋、景流放，在流放途中，王、宋、景三人均被赐死，分别死于长安城郊流放途中。

　　崔胤谋除宦官初步获得成功，他在朝廷内因有朱全忠作为后盾，为所欲为，专制朝政，势倾京城内外。而宫中宦官都对他侧目而视，不胜愤嫉。

宦官囚禁昭宗

　　光化三年（900）十一月，宦官刘季述将昭宗囚禁于皇宫少阳院。

　　本年三月，由于崔胤加害宦官，使宫中宦官对崔无不侧目，人人自危。加之李晔喜怒无常，于是左军中尉、宦官刘季述与右军中尉王仲先、枢密使王彦范等一起密谋废昭宗另立皇帝。月中一次晔射猎后醉酒大睡，刘季述以内臣入内探视为由，率禁兵千人破竹而入，在殿廷胁迫百官联名署状请皇太

子监国。明言崔胤必须废帝另立，崔胤惊恐不安。刘季述、王仲先又派人埋伏在外面，李晔惊恐欲逃，被刘季述按住，念完表状后迫使李晔同意往东宫请太子监国，待李晔往东宫行至少阳院时，刘季述以鞭点地，列数昭宗十条罪状，然后将昭宗囚禁少阳院内。第二日，刘季述矫诏太子即位，以李晔为太上皇。接着诛杀睦王李倚及李晔所宠官人、方士、僧道等。慑于朱全忠的兵势，没有杀崔胤，只是解除其度支、监铁、转运使之职，此时宰相崔胤密使人致书朱全忠，密谋内外相应恢复昭宗帝位，后来朱全忠派兵入长安，诛杀刘季述等宦官，昭宗才得以复位。

昭宗复位被劫

唐昭宗光化三年（900），宦官左军中尉刘季述兵变囚昭宗，在朱全忠、崔胤救援下昭宗于次年正月复位，十一月又被宦官劫至凤翔。

唐朝后期宦官专权，挟制皇帝，昭宗深恶痛绝，于是与崔胤为援，恢复崔胤的宰相职位，开始着手除诛宦官，宦官惶恐不安。光化三年十一月，昭宗醉杀宦官数人，神策左军中尉刘季述率禁兵千人入宫囚禁了昭宗，立太子即皇位，废昭宗，且杀数名昭宗亲信。此举遭各路藩镇反对。左神策军指挥使孙德昭集结左军都将董彦弼、周承海等于光化四年正月一日发动兵变，斩王仲先，擒获并杀死刘述之、王彦范等，诛杀其党徒二十余人，废太子为德王。崔胤率百官迎昭宗复位。昭宗加封有功之臣，崔胤为司徒；孙德昭、董彦弼、周承海为相，并领节度使，这就是史称的"三使相"，封朱全忠为东平王；凤翔、彰义节度使李茂贞被加封为尚书令，兼侍中、进爵岐王。由于李茂贞恐胤掌军权而削减藩镇，昭宗顾及此未任命胤左军之职，而任命前凤翔监军韩全海，现任凤翔监军张彦弘为左、右神策军中尉。于是宦官继续掌握了军政大权。

由于朱全忠、崔胤谋议诛杀宦官。韩全海等人于是在天复元年十月，朱全忠举兵入关中时，令凤翔将李继筠和禁军都将李彦弼等率兵劫持昭宗至凤翔，将昭宗严加防范，李茂贞率军至，胁迫昭宗罢免崔胤、裴枢相位，令朱全忠引兵还去。后来李茂贞与朱全忠和解，诛杀宦官韩全海等二十余人，奏请昭宗还京。903年正月昭宗回长安，开始大诛宦官，封赐朱全忠等。

901～910A.D.

唐朝

901A.D. 唐光化四年　天复元年

正月，帝复辟，杀刘季述等，废太子为陈王。封朱全忠东平王。三月，朱全忠大举攻李克用，连下数州，逼晋阳。宰相崔胤谋诛宦官，雪甘露之变王涯等十七家冤。七月，崔胤密召朱全忠入长安。十月，朱全忠大发兵西向，表请幸东都。十一月，长安大乱宦官韩全诲等劫帝奔凤翔李茂贞。

902A.D. 唐天复二年

四月，崔胤说朱全忠攻凤翔，迎帝。

903A.D. 唐天复三年

李茂贞杀韩全诲等二十余人以和于朱全忠。全忠拥帝还长安，大杀宦官。八月，封王建为蜀王，王建攻下夔、忠、万、施四州。

904A.D. 唐天复四年　唐哀帝李柷天祐元年

正月，朱全忠表请诛宰相崔胤，寻命人杀之，胁帝赴东都。帝密诏王建、杨行密、李克用等图谋匡复。六月，李茂贞、王建等檄讨朱全忠。八月，朱全忠使人杀昭宗，立辉王李祚为皇太子，更名李柷，寻即位，是为哀帝。

905A.D. 唐天祐二年

二月，朱全忠杀昭宗九子。五月，全忠大贬逐朝士，六月，皆杀之于白马驿，投于河。以朱全忠为相国，进封魏王，加九锡，以宣武等二十道为魏国，全忠不受。

901A.D.

意大利普罗封斯之路易入侵意大利，培隆热逃赴日耳曼。教皇本内地克四世为路易加冕为皇帝。日耳曼东法兰克之王权在路易四世时代愈益衰落。各地部族由于向来保存其固有传统，故先后在其公爵统治下成为独立之公国。

突厥侵入锡尔河、阿姆河流域，不久被逐出。

904A.D.

在十世纪初期，拜占庭首都君士坦丁堡仍为欧洲第一大城市，商业与制造业俱为第一流。俄罗期进攻君士坦丁堡，教皇统治下塞吉厄斯三世进入长期淫乱时期。

杜荀鹤继承贾岛风格

　　杜荀鹤（846～904）唐代诗人。字彦之，号九华山人，池州石埭（今安徽石台）人。杜荀鹤一生以诗为业，自说"乍可百年无称意，教一日不吟诗"（《秋日闲居寄先达》）。到了唐末，诗歌已分为三大流派：一是以艳丽著称的温李派，以韩为代表；二是以寒瘦苦吟为主的贾岛派，以本洞为代表；三是着重反映社会现实、民生疾苦，继承元白新乐府衣钵的，以皮日休等为代表。杜荀鹤对贾岛清寒苦瘦风格尤为推重，他作为"江湖吟士，天地穷人"，其境界基本属贾岛派。然而，杜荀鹤为数不多的一些同情人民苦难的诗与元白精神又是相通的。如《山中寡妇》《乱后逢村叟》等诗。

朱李相攻

　　为了扩大自己的势力，901年至902年李克用与朱全忠在山西一带互相攻战，给百姓带来了深重的灾难。

　　唐朝天复元年（901）二月，朱全忠为了征服河北之后再攻占河中，以牵制河东李克用军，派兵围攻河中，河中护国军节度使王珂投降，朱全忠占领河中。之

唐代鸟形陶模、人面陶模。这两件为磕印小玩具的陶模，灰褐色。人面陶模为一光头、眵目、扁鼻、阔嘴、招风耳的人面。从面形看酷似马来人。扬州市出土。扬州为当时重要贸易口岸，众多外国客商居住在这里，陶模所反映的，似为当时"番客"形象。

后他兵分六路大举进攻李克用，连攻下沁、泽、潞、辽诸州，直逼晋阳，晋阳城守军震惊惶恐。因粮草供应困难和军内疟痢病流行，朱全忠只好引兵返回。

　　天复二年正月，朱全忠兵尚在关中，李克用派李嗣昭、周德威进攻河中分散朱全忠兵力。凤翔守将李茂贞坚守城内不出战，朱全忠担心河中被攻占而将军队往还河中。李嗣昭率军攻下了河中所属慈、隰两州，朱全忠

派他的侄子朱友宁会同晋州刺史氏叔琮一起攻守。李嗣昭袭击了绛州，不久被康怀英收回。氏叔琮则率兵将河东军李嗣昭所率军的后路切断，与河东军大战，杀河东军一万多人，大获全胜。朱全忠自己带兵离开河中往晋州进军。

天复二年三月，汴将氏叔琮、朱友宁乘胜进攻，大败河东李嗣昭、周德威军，接着长驱直入，击溃河东军，俘获李克用之子李廷鸾，再攻河东。李克用派遣李存信领沙陀兵迎战，因寡不敌众只好退到晋阳，汴军收复了慈、隰、汾三个州，围攻晋阳，李克用情急之下想弃城逃走，被部将劝止，适逢汴军中疫病流行，氏叔琮只好带兵离晋阳而返。李克用因兵力缺乏，以与朱全忠匹敌，于是开始整顿军队等待时机，李克用与朱全忠之争暂缓下来。

罗隐论明君

罗隐（833～909）一生主要是在唐末乱世中度过的。他的著述很多，现在流传下来的只有《两同书》《谗书》《甲乙集》等。罗隐从社会动荡、朝代更迭的现实中感到社会和国家必须要有一个贤明的君主。他的政治思想的中心就是反对暴君、拥戴明君。罗隐首先认为，设立君长是必要的，但是设君立长并非取决于地位的高低和力量的大小，而是在于其是否有仁德。所以，作为明君首先必须"修仁德"。

罗隐还认为，天下百姓的生存依赖在一个人身上，国家败亡，人民遭殃，其罪魁祸首是君主。要避免这种灾，君主必须要俭约。所谓"损益之本，在于奢俭"。益莫大于主俭，损莫大于君奢。所以作为明君的第二个美德就是俭约。罗隐的这种思想显然是从唐末君主奢侈荒淫、政治腐败、终于导致国家败亡的历史事实中得出的，具有强烈的批判现实的意义。

明君的第三个美德是谦虚谨慎。君主要能礼贤下士，不能骄横自大，目中无人。以"敬"治国就能人和，以"慢"治国则人殆。臣民不懂得礼敬，就不足以侍奉君主；君主不懂得礼敬，就不能够统御臣民。

罗隐还认为，作为明君还要能任人唯贤、辨别忠奸真伪，能够接受逆耳之言。在罗隐看来，只要一个君主具备上述美德，并经过正常途径继承帝位，就能够维持政权的稳定。这种思想带有幻想性，反映了在社会动荡中的人们对于和平和繁荣的渴望。

朱全忠拥昭宗还长安

天复元年十月，宦官韩全海等将昭宗劫至凤翔，在朱全忠、崔胤援救下昭宗返还长安。

唐朝后期，宦官专制朝政，要挟皇帝，引起诸将不满。901年，朱全忠引兵进入关中，韩全海令凤翔将军李继筠与禁军都将李彦弼等勒兵劫昭宗到凤翔。昭宗密告崔胤，车驾被迫西行，朱全忠追到凤翔。韩全海胁迫昭宗下诏使朱全忠退兵，并罢免崔胤、裴枢宰相位。朱全忠于是回兵攻鳌伾屋，令崔胤率朝百官和京师居民迁到华州，在华州俘获牙将张居厚。

天复三年（903）正月，李茂贞奏请昭宗罢黜宦贵"四贵"，以便联合朱全忠返还京都，昭宗于是下诏捉拿韩全海、张彦弘、枢密使袁易简、周敬容四人并将神策都将李继海、李彦弼及凤翔将李继筠等十六人一起斩首，几天之内，凤翔诛杀七十二宦官，朱全忠也密告京兆搜捕斩杀九十名宦官。

天复三年正月二十二日，李茂贞恭请崔胤率百官前往。凤翔守城门将将昭宗等放出城外来到朱全忠行营，朱全忠率兵士素服迎拜皇驾。二十七日，在文武百官随从下，唐昭宗还归长安，从出奔凤翔到重归长安前后半年之久。昭宗还长安之后，即在朱全忠、崔胤的奏请下开始根除宦官势力，将第五可范等除老人幼儿外全部诛杀，神策两军内外八镇兵都属六军，崔胤兼判六军十二卫事。朱全忠平定宦官之乱后即着手扩充自己的势力，被授封为回天再造竭忠守正功臣、守太尉、进爵梁王。后又封朱全忠为判元帅府事，掌握了唐朝的军事大权，为朱全忠以后挟制昭宗，专政朝廷打下了基础。

朱全忠专唐政

朱全忠，初为唐藩镇镇将，因救唐皇昭宗有功被封为东平王，得势后朱全忠即铲除异己，杀宰相崔胤，又弑昭宗李晔拥立幼主，专制朝廷。

901年，宦官刘季述等发动政变，囚禁唐昭宗拥立太子，在崔胤、孙德昭、朱全忠的统领下昭宗获救。后来昭宗铲除了朝廷宦官势力，加封朱全忠为东平王、梁王。朱全忠得势以后，为了取得政治上挟天子以令诸侯的优势，数次奏请皇上迁都洛阳，为了排除崔胤的阻力，天复四年（904）正月，朱全忠密奏崔胤专权，图谋反叛朝廷，使昭宗贬谪崔胤，解散其募兵，朱全忠又密使朱友谅谋杀了崔胤一家大小及他的亲信。随后朱全忠驻兵河中（今山西永济），胁迫昭宗迁都洛阳，长安成为一片废墟空城，朱全忠又迫使昭宗诏授其亲信长安为佑国军，韩建为佑国军节度使，刘知俊为匡国留后，他本人兼判左、右神策及六军诸卫事。在东都洛阳，昭宗改元天佑，以天复四年为天佑元年。

天祐元年（904）六月，李茂贞、王建、李继徽联合讨檄朱全忠，为防止

唐铰接式铆金白玉镯。每个玉镯均由三条等长的白玉组成，玉条背起三棱，两端镶金虎头，用金销钉铆接。是唐代贵妇人的首饰。

东都发生事变，朱全忠派遣李振、蒋玄晖及朱友恭、氏叔琮谋杀了昭宗，之后伪称二妃反叛，立辉王祚为皇太子，即哀帝。朱全忠西讨返东都，假作震惊，以逆臣之名杀朱友恭、氏叔琮，授张全义为河南尹兼忠武节度使，判六军诸卫事，领宿卫。本年十月，光州降朱全忠，淮南节度使杨行密遣兵围城。朱全忠率五万兵士渡淮河南下，派遣各路将士围困

唐鎏金鱼龙纹银盘

杨行密。朱全忠又对诸王大动杀手，借宴请之机将昭宗诸子德王李裕等九人全部杀死，大肆贬逐朝臣。906年，天雄牙军作乱，罗绍威求救于朱全忠，朱全忠派兵十万由李思安带领大败牙军，将牙军兵士妇婴八千家全部杀死，又用了半年时间征讨魏博诸军，耗费魏巨额财力，从此魏兵衰弱下去，天雄节度使罗绍威追悔不已。

这样，朱全忠通过杀朝臣诸王，弑昭宗拥立幼主，铲除异己诸路军队，大权独揽，干预朝政，为自己称帝做好了充分的准备。

罗绍威屠杀天雄牙兵

罗绍威，唐天雄节度使，后又被封为邺王，为制抑魏博牙兵，请求朱全忠率军救援，朱全忠以十万军队将天雄牙兵八千家全部杀死，魏兵从此势力衰微，一蹶不振。

天雄牙兵，即魏博牙兵，始于代宗广德元年（763），当时魏博镇将田承嗣选招六州勇猛之士5000人为牙军，进行严格的训练。后来牙兵父子相继结为亲党，势力日益强大，骄奢强横，为所欲为。朱全忠亲家罗绍威就任天雄军节度使后，虽对牙军所为深恶痛绝，但慑于牙兵实力而无可奈何。牙军经常作乱地方，焚毁府舍，抢掠民财，罗绍威只得求助于朱全忠，朱全忠于天

祐三年（906）正月派遣河南各镇镇兵 10 万，在李思安统率下进军魏博，朱全忠继后，罗绍威先潜入牙军兵器库中将弓箭武器等损毁，随后罗绍威率几百兵士大战无兵器的牙兵，杀戮牙军 8000 余家，连妇幼都不放过。朱全忠又分几路讨伐魏博剩余势力，用了半年时间平定了牙兵势力作乱，同时他的驻军也耗费了魏博巨额的财资，罗绍威为此追悔不已，魏兵从此衰弱下去。

耶律阿保机为契丹主

　　耶律阿保机，契丹迭剌部首领，通过连年征讨，南下侵扰唐朝，征服其他部族，势力加强，906年被推为契丹主，第二年，阿保机仿汉人建官制并称帝。

　　大贺氏是契丹部族中最大的一部，大贺氏部下分八部。其中迭剌部首领耶律阿保机智勇过人，率兵先后征服周围室韦、女真、奚部，又侵占了突厥故地。当时唐之后梁建立，社会动荡不安，战争频繁，耶律阿保机趁机率兵南下侵扰，攻占城邑，掳掠汉族人口和大量财产，势力逐渐增强。后与后梁议和称臣，并约后梁派兵攻打晋，卷入中原纷争。天祐三年（906）十二月，契丹主痕德堇可汗卒亡，于是耶律阿保机继承可汗位被推为契丹主，耶律阿保机就位后恃强恃勇，不按契丹部族规定，改用汉人制度，在潢水之滨建立城郭宫城，并大造佛寺，供养僧尼，不受其他部族酋长约束。第二年，耶律阿保机称帝，契丹人称耶律阿保机为契丹天皇王。